NOTES FROM SOFIA — Bulgarische Blätter

Jan Volker Röhnert

NO TES FROM SOFIA

Bulgarische Blätter

Bilder bedeuten alles im Anfang

Heiner Müller

INHALT

Wer schreibt, stellt sich immer neu die Frage, welche Form er eigentlich dem Leben geben will, das ihm widerfährt. In der Spontaneität des nebenbei aufgeschriebenen Gedichtes wird das offenbar. Doch nicht jeder Moment, der einen anspricht, hat Anspruch auf ein Gedicht. Die Schrift, als Tagebuch, Notiz, Gedankensplitter, Aphorismus, Reflexion, möglicher Romananfang, ist das Einzige, womit ich meine Anwesenheit, an Ort und Stelle in der Wirklichkeit, unter Beweis stellen kann: Die Schrift begleitet mich, ist meine *Spur* im *blanc* der Gegenwart – Spur, die weniger meine Person in ihrer Alltäglichkeit betrifft, sondern das, was täglich durch sie hindurch gegangen ist. Es denkt mich, es teilt mich mit, es steht geschrieben, es hat gefunkt. Die Schrift begleitet mich, ist beharrlicher als jede Kamera dabei, später oft kaum mehr zu entziffern auf der Seite, weder Leben selbst noch »ich«, doch ohne sie kein Zeugnis von Anwesenheit, meinem Da-gewesen-Sein. Manchmal mündet die Schrift in ein Gedicht: Was geschrieben steht, ist aufgehoben, flimmert, schwarz auf weiß macht bunt, und schwebt; die Schrift für einen Moment Atmosphäre geworden, jedes Gedicht spricht von diesem momentanen Glück.

Das ist aber auch der Grund, weshalb wir in einer Welt rein aus Gedichten nicht leben könnten. Wir sind nicht schwerelos; wir sind mit unserem Hirn durch Raum und Zeit reisende Zweibeiner. Vielleicht waren deshalb gerade die Stunden während des Fliegens, als ich den Boden mir unter den Füßen entzogen fand, so ergiebig zum Nach-Denken, zum Über-Springen und blitzschnellen Zusammen-

Fassen. Und die Augenblicke kurz darauf, als ich wieder am Boden stand. Der Boden selber fest, doch fremd, nicht ganz, aber so, dass ich genauer hinsehen musste, wollte, um die Schrift zu entziffern, die ich da vorfand: die Zeichen, die Gesichter, Straßen, Fahrpläne, der Himmel, die Farben, das Land. Das Verstehen war jeweils kurz, keine große Erzählung, keine Erklärung, was wichtiger war: eine spontane Klarheit für den eigenen Blick. Im Hinschauen konturieren sich Puzzlesteine von Welt – sie jedoch in eins zu setzen ein verzweifelter Vorsatz, jeden Moment verändert sich das Puzzle von selbst.

Diese Form der kurzen Notate entspricht den Zwischenräumen, durch die ich gegangen bin; die Schrift als Zwischen-Welt. Es hat seinen Reiz, das gewohnte Zentrum, das man einmal besaß, die stabile Konstruktion vom Lebens-Ort, in die man sich vergraben wähnte, für eine Weile aufzugeben und völlig von sich abzusehen. Man beginnt sich umzusehen und ahnt, wozu die eigenen Augen gut sind. Woanders leben Menschen, die du nicht verstehst: Sieh einfach zu.

Selbst wenn ich nicht so viel zwischen den Orten, den Worten, den Sprachen, von Blick zu Blick, hin und her geflogen wäre in diesen beiden Jahren, wäre »Sofia« Transit-Reich für mich geblieben. Daher auch der Titel in Englisch, dem Latein des Unterwegsseins. Aber auch dass es eben Orte und Situationen gibt, in denen unser Latein nicht alles ist, gehört hierher. Ich habe Station gemacht, werde wiederkommen wann ich will, Sätze fortschreiben, die erst ein Anfang sind.

I — NOTES FROM SOFIA

»AND I FOUND MYSELF more truly and more strange« (Wallace Stevens)

●

SELTSAM, dass die freie Zeit – von schlaflosen Nachtstunden abgesehen – sich erst wieder in der Luft einstellt. In den Sitz gezwängt, von zur abspulbaren Routine fixierten Abläufen umgeben, ins Niemandsland einer Maschine verbannt, die der Schriftzug einer global präsenten Gesellschaft ziert, im menschlichen Kontakt auf Floskeln und bloßes Funktionieren verwiesen, kommen die Notizen aufs Papier. Oder verselbständigen sich, wo ich sie unterbrach und liegen ließ, weil andere Zwänge sich vor sie schoben, Müdigkeit, Absenzen, das simple Leben sein Recht einforderte, in der Stadt, wo ich sie begann. Weder dort noch in zehntausend Meter Höhe entging ich dem Widerspruch, dass ich von ihr, der fremden Balkanmetropole, nur schreiben konnte, wenn ich zu mir selbst zurückkehrte, zu dem, was ich täglich sah, las, dachte, tat und las und wieder las …

●

DAS ERSTE BILD IST EINE EINFACHE MELODIE: der alte Mann mit Flöte vor dem nationalen Kulturpalast, den die Bulgaren der jung und mysteriös verstorbenen, esoterisch veranlagten Tochter des einstigen Diktators zu verdanken haben, in einem totgesagten Park voller zerfallender, nein: eigentlich nie zerfallender granitener Monumente, martialischer Steinblöcke, furchtbar ernster, in pathetischer Entschlossenheit wozu auch immer erstarrter Gesichter. Der Nachfahre Orpheus', des gesteinigten Thrakers, spielt immer dieselbe Melodie auf seinem holzgeschnitzten Instrument; die paar Stotinki, die ihm Passanten, gewiss keine der eiligen, schmuck herausgeputzten Mädchen, im Vorübergehen in den Karton hineingeworfen haben mögen, zählt er später in einem Gebüsch des von krüppeliger Vegetation umgebenen Parks zusammen. Für 99 Stotinki müsste noch ein Banizaeckchen am Straßenkiosk, ein Linsensüppchen auf dem

Schenski-Basar oder ein halbes Hamburgerbrötchen bei McDonald's zu kriegen sein. Tatsächlich sind die Takte, die er bläst, etwas Unbezahlbares: so unpassend zur Geschwindigkeit, die in die Balkanhauptstadt eingezogen ist, zu den Kostümen der Mädchen und dem zu Stein erstarrten Terror des Parks, sind sie, in der Sonne dieses Tags, im Schatten des bereits von Schnee eingehüllten Bergmassivs, das erste Bild von Sofia.

◐

»IN BULGARIEN WAR ICH AUF ZUFÄLLE ANGEWIESEN.« (Heiner Müller, Krieg ohne Schlacht). Worauf nimmt das Bezug? André Bretons Anweisung für die surrealistische Variante der »stillen Post« spielt hier hinein, das *cadavre exquis*, das mit den Worten beginnt: »Alle wissen, dass Mexiko ein erfundenes Land ist...« Wie bitte? Alle wissen, dass Bulgarien ein erfundenes Land ist.

❶

YOU ARE ALWAYS ON MY MIND. Das Gefühl, in einer der großen Städte unterwegs zu sein, auch hier. Ein transzendenter Ort, der mit den Bildern, die er bietet, immer eine Unzahl möglicher Anderswos enthält, die sich einstellen auf der Schnittfläche, dem Spiegel zwischen Angeschautem und Vorgestelltem: Fassaden Plakate Schaufenster der Glanz der Kostüme das Rätsel der Gesichter das Angebot der Kinos Konzertsäle Theater Cocktailbars: Die Zeichen inzwischen überall, wo immer du auch seist, wiederzuerkennen, bedeuten dennoch nicht das Gleiche. Aber auch hier begegnest du jenem »Image qui passe / toujours près de toi«, von dem der Pariser Dichter und Coco-Chanel-Freund Pierre Reverdy sprach. Es ist ein Begehren, das nie ein Ende haben kann, eine von den Gegenständen der Umgebung hervorgerufene und massenhaft vervielfältigte Sehnsucht – unstillbarer, lebensspendender schöner Schein; nüchtern ausgedrückt so etwas wie die ökonomische und ökologische Basis der großen Städte, das, was sie miteinander vernetzt und wiedererkennbar macht, *always on our minds.*

●

AIRPORT. Hier eine Liste der Netze, die mit seinem Notebook am 25. Oktober 2008 in der Uliza Angel Kanchev, Ecke William Gladstone zu empfangen waren: AGGATA / ART HOSTEL / cherveniakov / default / digsys_sofia2 / Franko / julse.net / Kemo / linksys / lukshome / NaviMedia / netx / nina_nikolina / Office_EK / rimbes / savina / shushubedovi / Tutti Frutti / twostates / Valentin Angelov

➡

SOFIA, PALIMPSEST VON ZEITEN. Es ist, als würden hier die Vergangenheiten und Zukünfte wie im gekrümmten Einstein-Raum nebeneinander existieren, ohne voneinander Notiz zu nehmen – in Lackstiefeln die Mädchen am Bettler mit zerrissenem Filzhut und verblichenem Jackett, an der Blumenverkäuferin mit Kopftuch vorbei, Uliza Solunska Ecke Graf Ignatiev, McDonald's neben den Bücherständen, die jetzt am Abend eingeklappt werden, auf den Bänken um die Basilika Sedmotschislenizi herum Obdachlose, Alte, Pärchen, hinter ihnen die Dum-dum-Musik eines Straßencafés, das Quietschen der Straßenbahn, die Abbaugeräusche von den Buden der Früchteverkäufer, Geruch gerösteter Kürbisscheiben, die neben der Straßenbahn feilgeboten werden, weht herüber – mischt sich mit dem Parfüm der Passantinnen, dem Dieselruß der Autos, dem Kerosin der Maschinen, die über den Dächern einschweben: Viel-Zeiten-, Viel-Gezeiten-Sofia, das Bulgarische kennt so viele Vergangenheiten wie Zukünfte, auf deren Schnittfläche sich Gegenwart ereignet; viele Gegenwarten, in denen jede Zeit mit jeder reagiert.

●

CALLCENTER. Eine seiner Studentinnen verdient ihr Geld in einem Callcenter. Unter einem Künstlernamen ruft sie von Bulgarien aus in Deutschland an und offeriert Unterwäsche; anscheinend lohnt sich das Geschäft. Sie erzählt, dass die deutschen Kunden sie wegen ihres Akzentes häufig fragten, ob sie aus Russland käme, Russlanddeutsche sei, oder aus der Ukraine, dem Baltikum, Polen, oder Türkin, Belgierin, Französin, Griechin ist – noch nie sei jemand auf die Idee gekommen, sie könne Bulgarin sein. Wie eine Erfindung, die noch keiner kennt.

❶

NOCH EINMAL FÜR BAUDELAIRE. Wenn ich an ihn denke, dann macht mir vor allem die heroisch unheroische Einstellung seiner dreckigen Gegenwart gegenüber Mut. Er war der erste, der jenen *Images qui passent* in den großen Städten systematisch nachgegangen ist. Und die Erinnerung an ihn und seine Einstellung, an auch nur einzelne seiner Verse gibt die Zuversicht, dass es nicht vergeblich sein muss, dem Hier und Heute zuzusehen – dass es womöglich die einzige Chance ist, den großen Städten eine Art von Poesie abzugewinnen. *For your own safety, please follow the instructions –*

◖

PETER HANDKE. Wenn ich ihn anderen gegenüber gelegentlich als größten deutschsprachigen Schriftsteller der Gegenwart verteidige, so ist das nicht besonders originell, höchstens eine Sache der Notwendigkeit – denn wer sollte ihm schon ernsthaft seinen Rang streitig machen? Alle Aspiranten wären entweder viel zu spezielle Fälle, um dafür in Frage zu kommen, oder zehren bereits nurmehr von einem längst verblassten Glanz, den sie weiter und weiter von sich vervielfältigen lassen – ohne künstlerisch irgendetwas Neuartiges, Spannendes hervorzubringen... Was mir an Handke wie an keinem sonst gefällt, ist seine *Menschlichkeit* im besten Sinn. Ich meine damit jemanden, der seine ganzen Sinne und seine Sinnlichkeit, die Skala seiner Empfindungen, das Bewusstsein für seine Empfindlichkeit in Schrift umsetzt. Wenn ich Handke lese, habe ich in der Tat das Gefühl, einen Menschen aus Fleisch und Blut vor mir zu haben, jemanden, den die Dinge, von denen er schreibt, *um(her)treiben*, der die Welt sich zuallererst anschauen muss, um irgendwie mit ihr fertig werden zu können. Da man bekanntermaßen nie mit der Welt am Ende ist, so lang man lebt, brauchen wir nicht zu befürchten, Handke könne seinen Bleistift je beiseite legen. Nicht nur treiben ihn die Dinge als solche um, vielmehr noch ihr *Anspruch*: Wie gehe ich *als Mensch* mit ihnen um, wie bringe ich *den Anspruch der Welt* zu Papier?

⊘

SCHÖNHEIT, EIN GLÜCKSVERSPRECHEN, »la promesse du bonheur« (Stendhal), das gilt noch immer, ohne Abstriche, deshalb und nur deshalb sind wir doch unterwegs, sagt er sich, wenn er die hübschen Mädchen übers Pflaster gehen sieht. Einmal fiel ihm, es war bereits Abend, dürftige Straßenbeleuchtung, unter den Passanten ein Mädchen auf, das an einem Gemüsestand längs der Straßenbahngleise stehengeblieben war: Da war etwas, oder es schien ihm in jenem Moment so, das er sonst noch nirgendwo so erblickt hatte – und ihm war nicht klar, ob es an der Beleuchtung ihrer Wangen, ihren blitzenden Augen, ihrem nach hinten gekämmten Haar lag; eine fast unheimlich gegenwärtige Art von Glücksversprechen strahlte sie aus, dass ihn ein Schreck durchfuhr. Als er im Passantengeschiebe weitergegangen war, weitergedrängt worden war und sich nach ihr umzudrehen suchte, sah er wie bereits aus weiter Ferne nur noch das rhombische Muster auf ihren schwarzen Strümpfen leuchten. Er wusste ja nicht einmal, welches Gemüse sie dort bei den Schienen prüfend in der Hand gewogen hatte.

⊘

NOCH EINMAL HANDKE. Vielleicht muss man erst von seinen Landschaften angesprochen worden sein, um ihn zu begreifen? Den Balkan erlebt haben, den Karst, in Berg-und-Tal-Ländern aufgewachsen sein, wo unter den Fußsohlen auf Schritt und Tritt die Perspektive sich verschiebt?

❷

JE GELÄUFIGER DIE FLOSKELN DIESER SPRACHE WERDEN – mehr ist ja kaum nötig, um den Alltag »zu bewältigen« – desto gleichgültiger wird sie. Ist »sie« wie ein Mädchen, an dem man die Lust verloren hat – die Lust, ihr zu begegnen, obwohl man ihren Reizen doch ständig frontal ausgesetzt ist, ohne einen Schimmer davon zu kriegen, wie man sich ihr nähern soll, ohne das Passwort zu besitzen, das ihr den Mund aufschließt?

❶

PORNOGRAPHIE. Zwei Kanäle auf dem Satelliten. Das Verkehrte ist ja nicht die Ausstellung einer fingierten Lust oder wie man das nennen mag; das »schlechte Gefühl« beim Sehen liegt doch nicht an Prüderie oder infantiler Scham, sondern hat mit dem Eindruck zu tun, die Pornos stellten die Kategorien unseres sozialen Handelns auf den Kopf. Mit anderen Worten: Die hübschen Umwege der Sprache, der Verführung, die ja das Abenteuer des Lebens und eines möglicherweise lebens- wie liebenswerten Alltags ausmachen, werden uns vom Porno abgewöhnt, wir werden, stimmt der Eindruck, dazu erzogen, das sinnliche Menschsein mit purer aktivistischer Fleischlichkeit zu verwechseln.

❍

SO VIELES, WAS GLEICHZEITIG PASSIERT. Der alte Mann, der seiner alten Frau auf einem Bürgersteig der Straße des 6. September die

Schulter massiert – gegenüber das hell erleuchtete Restaurant »Bel ami« mit den weißen Servietten auf leeren Tischen, als wäre der Luxus sich selbst genug; ein paar Schritte weiter Richtung Slavejkov-Platz und Ignatiev-scheppernde-Straßenbahn-Straße ein Mädchen mit einem länglichen Karton unter dem Arm, in denen man Zeichnungen vermutet, sie krümmt sich vor Lachen wie's scheint; hinter ihr ein Junge an der Mauer lehnend und so stark hustend als würd' er sich erbrechen.

❶

DIE STIMME SEINER TOCHTER AM TELEFON: ihr Klang viel näher als all die Dinge, von denen sie ihm mit Hingabe erzählt

❶

DER GROSSVATER IM TRAUM: Er musste sich mehrfach übergeben, nachdem der Enkel ihm von seinen Freunden und Freundinnen in Frankreich erzählt hatte, denn das ließ die Bilder seiner eigenen französischen Soldatenzeit hochkommen; er war – und er hat wirkliche Fotos zerstörter Straßen grauenvoller als ein Traum hinterlassen – als Besatzer dort gewesen.

❷

DIE VERGANGENHEIT DER BULGARISCHEN VERBEN, »vollendete«, »unvollendete«, »vorläufige« und »unbestimmte« Vergangenheit, die miteinander kombiniert für ihn ein unentwirrbares Geflecht von Zeiten ergeben: Die Vorstellung erblickt ein Labyrinth aus gotischer, konstantinopolischer, griechischer, türkischer und europäischer Zeit. Sofia, Serdika, Triadika: babylonischer Turm aus ineinander geschachtelten Zeit-Räumen.

❶

DAS ELEKTRONISCHE GEZWITSCHER der Alarmanlagen ihrer teuren klobigen Autos unten am Bordstein, vor dem man selbst im Traum keine einzige Minute sicher war.

❶

DIE LEEREN, ABSOLUT AUSDRUCKSLOS stierenden Gesichter der Eckensteher Straßensteher Türensteher vor halboffenen Türen Sitzenden, denen er um Himmels willen nicht näher zu kommen wünscht.

◐

PALIMPSEST, Plovdiv. Ein Internetcafé in die Ruine des antiken Theaters gepresst, zur Straße und nach oben hin ein Mantel kommunistischer Betonschlacke gegossen, Friedenstauben im Jahr der Olympischen Sommerspiele Moskau 1980 darauf gemalt – ein Weiß, das fast verblichen ist.

◑

ARMUT UND WÜRDE. Beispielsweise die Reinemachfrau beim Treppenwischen sonntagmorgens. Wenn sie fertig ist, kommt sie wie verwandelt als ehrbare Dame – Professorin für Chemie – aus der Tür geschritten.

➡

DIE LANGLANGE GRAF-IGNATIEV-STRASSE mit den rumpelnden Straßenbahnen und den Fußgängern im Gegenlicht zur Heimkehrzeit, später »Zigeunersommer«-Nachmittag: Sofia im Kleinen; man könnte die Geschichten und Gesichter, die Kleider und Kopfbedeckungen, die Bettler und Bohémiens, die Pelze, Blumen, Beine, Perlen der Stadt aus einem dieser wolkenlosen blauen Herbstnachmittage herausschnitzen.

ES STIMMT, DIE SCHÖNHEIT DIESER MÄDCHEN KANN ATEMBERAUBEND SEIN – doch ist es manchmal, als wäre ein Schleier davorgezogen; ein Schleier, der nichts mit ihnen, wohl aber mit dir selbst zu tun hat; mit deiner Unfähigkeit, auf den ›Grund‹ ihrer Schönheit zu blicken (ist der ›Grund‹ ihrer Schönheit nicht leicht einzusehen – ihre Oberfläche?). Das ist nicht irgendeine ›schleierhafte Magie des Ostens‹, es ist ein Zwischenreich, das du noch nicht duchblicken kannst, weil es unendlich viele Zuflüsse hat, von denen du noch gar nichts weißt –

❶

ES IST DAS (NOCH) NICHT FESTGESTELLTE, was dieser Stadt ›gegenwärtig‹ Geist einhaucht. Was anderen hier unangenehm aufstoßen mag, weil »nichts funktioniert« oder allemal »nichts vorauszusagen« und alles nur »vorübergehend«, »provisorisch« oder »improvisiert« sei, das macht den poetischen Reiz aus, den es so im Westen nicht mehr gibt.

❷

DER FETISCH-TICK: High-Heels und Stilettos wie aus einem Pornofilm. Vor der Kulisse der beschmierten Wände und abgenutzten Holzbänke der Universität hat das seinen besonderen Reiz – ein Lebensstil, der sich mit Glamour in Ruinen einrichtet.

❸

ET LIBRE SOIT CETTE INFORTUNE! Eine Zeit lang hätte er gedacht, dieser Refrain Rimbauds verdanke sich bloß adoleszentem Trotz, doch jetzt, da das Flugzeug im nächtlichen Berlin gelandet ist, das Mädchen, das in der Luft neben ihm saß, so schnell aus den Augen verschwand, dass er ihr nicht einmal Alles Gute wünschen konnte (oder tut man das schon nicht mehr?) und neonerleuchtete Geschäftsfassaden die Allee zum Hauptbahnhof flankieren, jetzt spürt er: Es geht nicht anders. Wer heute zu einer ›heroischen‹ Anschauung gelangen will, ich meine einem Lebensentwurf, der sich nicht an Hoffnungslaunen und Depressionen ausliefert, wer sich der Tatsache stellt, dass er den Schlüssel zu seinem Glück nicht in der eigenen Tasche hat, für den gibt es keine andere Lösung als: »Haltung und Stille bewahren das gezeichnete Ich« – so übersetzte Benn sich den eiskalten lyrischen Vorsatz Rimbauds.

➊

NÄCHTLICHES WARTEN AUF DEM BERLINER HAUPTBAHNHOFSGELÄNDE. Keine Ecke nirgendwo, weder drinnen noch draußen, die nicht ausgeleuchtet wäre, keine Ecke, in der man sich das Recht nehmen könnte, ohne dafür bezahlen zu müssen, »einfach« allein zu sein. Das Ganz-allein-für-sich-Sein gibt es nicht mehr. Die Medien, mit dem allgegenwärtigen iPod-Ohrenknopf als einprägsamem Symbol, »helfen« uns dabei, es durch ein virtuelles Überall-und-nirgends-Sein, das weder Verpflichtungen noch Wahrheiten kennt, zu ersetzen – ein kollektives, musikalisch beschwichtigtes Alleinesein.

➍

UND DENNOCH: Eine Zirkusmanege mit türkischem Halbmond vor dem marmorkalten Hauptbahnhof. *Und dennoch*: die Lichter der S-Bahn beim Einfahren in die Stationshalle wie die Schlitze eines sich drehenden, kreiselnden Panoramas – eine wirbelnde Lichtschleuder, optische Drehorgel. *Und dennoch*: die Lichter über Berlin, im Spreewasser nachts eingefangen in einem Kanal unter den Stahlträgern des Hauptbahnhofs.

➡

HANDKE ZUM DRITTEN. Wenn es ein Bild, eine Vorstellung vom Dichter, ein Vor-Bild für unsere Generation gibt, dann ist für mich

Handke der Einzige, der heute so etwas erfüllt – nicht als Lyriker, der den versierten Sprach-Techniker spielt, sondern als einer, der in der Tat den Anspruch der Poesie ›lebt‹, der poetisch zu leben vormacht – und das geht aller Technik voran, macht diese eigentlich erst glaubwürdig.

BEIM GESCHIRRSPÜLEN NACHTS MITGEHÖRT auf der Deutschen Welle die Reportage über das Shanghai von heute. China, das ist das Fremdgewordensein unserer eignen modernen Lebens- und Warenwelt, der Alptraum der Dinge, die uns umgeben, wenn sie sich wie der Besen des Hexenmeisters geisterhaft zu bewegen und zu vermehren begonnen haben – und keiner das Losungswort mehr weiß, diesen immer chaotischeren Wirbel aufzuhalten. »Unbeirrt führen die älteren Männer ihre Singvögel jeden Morgen spazieren und die älteren Frauen vollführen den Fächertanz und die junge Frau mit der komischen Strickmütze, die in dieser Stadt nie wieder zu finden gewesen wäre, biegt plötzlich um die nächste Ecke, und alles ist wie früher.« Das »wie« in diesem aufgeschnappten Zitat deutet an, dass es eben *nicht* derselbe Zustand von früher ist, vielmehr eine neuartige Qualität hinzukommt, die nicht ins Vergangene gerichtet ist, sondern aus dem »Früher« das Versprechen einer Zukunft macht, die im blinden Fleck der Gegenwart zusammenschießt – diese Art von Wahrnehmung ist das Vorrecht des Dichters und der Poesie; seine Existenzberechtigung: »pour trouver *du nouveau*« (Baudelaire). Auf die letzten Sätze der Shanghai-Reportage, die diesen Gedankengang auslöste, folgen übergangslos Schlager in brasilianischem Portugiesisch, als wären sie der Abspann des Programms. Das waren sie wohl auch; ein tubaartiges Saxophonsolo lenkte den Blick in die europäische blätterschlagende Herbstregennacht; dann Sambabassgezupfe.

DIE PLÖTZLICHE GELASSENHEIT, Freude, Heiterkeit beim Wiedereintreffen in Sofia – klare Nachmittagssonne flutete durch die leichtmetallgerahmten Scheiben des Airports, ein vielversprechender Herbsttag, die Kühle der Jahreszeit und das Licht und der plötzlich klare, einladende Gedanke: Es ist gut, was du hier tust, und gut musst du es tun, kein Bedauern der Ferne als »Ferne von Literatur«, denn in allem, was du wahrnimmst, steckt ja »Literatur« (keine Spur von Literatur hingegen in der ekelerregenden Saturiertheit der »Kollegen«, die auf ihren Stühlen und Stipendien pennten).

◉

AUCH EIN MÖGLICHER BLICKWINKEL AUF SOFIA: Das berauschende Gefühl einer allumwälzenden Moderne noch einmal erleben, da alles rundherum neu ist oder werden soll und gleichzeitig geschieht, turbulent hektisch scheußlich und glänzend; ein Raum, in dem die Dynamik und Beschleunigung der Verhältnisse die bestehenden Gesetze gegenstandslos macht – ein bisschen, wie man sich das glühende Berlin der zwanziger Jahre, der »années folles« vorstellt; das mag man jetzt hier erleben können – schräg gegenüber der Nationalversammlung, direkt neben der »First Investment Bank«, der »Taboo«-Nachtclub, erstes Edelbordell der Stadt als Geldanlage eines alternden Fußballspielers; das »Iwan-Wasow«-Nationaltheater mit der goldverschnörkelten Fassade eines deutschen Provinztheaters spielt Oscar Wilde; lammfromm sitzen pariserisch geschminkte Mädchen in den Stuhlreihen der Seminare; das Abendflugzeug schwenkt mit seinen Tragflächen über der runden Apsis einer Basilika ein: Nicht dass es solche Kontraste nicht überall auf der Welt gäbe – sie bilden, im Gegenteil, das Rückgrat unserer alltäglichen Gegenwartserfahrung, so dass wir sie in einer Umgebung, wo wir sie gewohnt sind, bereits erwarten. Hier jedoch befinden sie sich in einem état brut des Heraufbrechens und Werdens, an den noch keine Gewöhnung stattgefunden hat; die Modernität hat noch ganz den Anschein einer plötzlich hereinbrechenden *Naturgewalt.*

SEINE FEHLER SELBER MACHEN (MÜSSEN). Das Sammeln ›literarischer‹ Erkenntnisse hat etwas von dieser Binsenweisheit, vor der Mütter und Großmütter uns hatten bewahren wollen, dachte er beim Gehen über den Slavejkov-Platz mit den Bücherständen und dem Kreischen der orangefarbenen Straßenbahnen auf der Uliza Ignatiev – nachts kann man die Funken sprühen sehen, wenn der Taster einen Kurzschluss in der Leitung auslöst, Kontaktaufnahme, die einen Stromschlag nach sich zieht – Ploschtad Slavejkov also mit den Bouquinisten und den allzuschnell wieder in der Passantenmenge verschwundenen Mädchen, da wusste er, die einzige Möglichkeit, die Wahrheit, eine Erkenntnis zu bezeugen, ist sie selber schreiben; egal ob sie zuvor so schon einmal formuliert worden ist. – So etwa ist *Paare Passanten* ein Ereignis zu lesen und Botho Strauß bleibt zu bewundern für die eiskalte Art von Vivisektion, aber seine Erkenntnisse sind dennoch nicht die meinen – nicht dass ich sie nicht (mehr) teilen könnte (leider doch ja), sie bleiben nur bewundernswert als Schlüsse, die ein anderer zog, doch worauf *ich* schließlich hinauswill, wohin ich steuere, das teilt sich mir gar nicht im Lesen, sondern erst im eignen Schreiben mit, egal ob es dann ›gut‹ oder ›schlecht‹ geschrieben auf den Seiten steht…

●

KEIN GEDICHT SEIT WOCHEN. Es gibt eine Art der Identifikation mit dem leicht Verwahrlosten dieser Gehsteige und Plätze, die sich offenbar hemmend auf die lyrische Wahrnehmung auswirkt – oder dein ehemals siebter Sinn fürs Lyrische schiebt jetzt die für die Verszeile nötige Komplexitätsreduktion von sich, du willst in dieser Stadt ja leben, dich einnisten, statt ›nur‹ in ihr zu lesen. Hier mag der Grund liegen, weshalb dir die großen Städte bislang immer als Orte der Poesie erschienen sind: Sie boten *vorübergehenden Aufenthalt.* Was aber, wenn man sich auf Dauer hier einrichten will und ›das Gewöhnliche‹ sucht? Man verdrängt die Poesie wie den lästigen Anblick einer ausgestreckten Bettlerhand. Oder bist du einfach dabei, deine lyrische Sensibilität zu verlieren? Keine Angst, immerhin darfst du dir zugute halten, nicht alles gleich auf Verse herunterzukürzen und die poetischen Momente, die sich beim Gehen doch weiterhin einstellen, erst einmal ›bloß‹ staunend mitzunehmen und sie, sei es auch um Sekundenbruchteile, wie den Duft eines vorbeiziehenden Parfüms zu genießen. Der Genießer aber schweigt – ist das eine neue poetische Maxime? Gelegentliches Staunen und Schweigen (»sich stille halten«, Benn) sind die Hefe des Wartens – worauf eigentlich, das muss jetzt noch gar nicht klar sein.

❷

ALS ER DIESES MÄDCHEN SAH, wusste er auf einmal, was zu tun war. Sie arbeitete nicht nur in einer Modeboutique, sie war, mit ihrem sonnenblumengelbgemusterten Kleid, den schwarzen Strümpfen und den Stilettostiefeletten, Teil davon – und bewegte sich doch mit vollendeter Anmut auch vor den Fensterscheiben: Sie *floralisierte* das Leben, den stinkenden Alltag dank der stofflichen Muster auf ihrem Leib. Für einen Moment war ihm ob dieser ungeheuerlichen Anstrengung, das Leben mit formenreichem Stoff zu bändigen, ob dieses Willens zur Schönheit, der doch weder Zwang noch Manifest sein wollte, das Herz stehengeblieben. Dafür hatte sie Blumen verdient.

◐

DIE FREMDEN LAUTE, ZEICHEN, GESTEN machen hellhöriger für die eigene Stimme, das innere Grundrauschen, den eigenen Ton: Sie geben die Stimme an die konzertierte Musik zurück. Während die eigene Sprache zwar vernehmlich bleibt, aber offensichtlich keinen ›Sinn‹ mehr macht, verharren die fremden Stimmen im Klängewirrwarr der Orchesterprobe.

➔

HALTUNG BEWAHREN. Warum gerade die Fünfte Symphonie Beethovens, das fast schon zur Schnulze verquollene Ta-ta-ta-ta, vor ausverkauftem Haus, Sofioter Philharmonie? Der Dirigent, ein Ukrainer, lädt es noch einmal mit besonderem Pathos auf – was bedeutet das, wenn nicht Schutz vor dem allzu unpathetischen, unappetitlichen Alltag zu geben, durch den jeder sich zu schlagen gezwungen ist?

➊

IM SCHNEIDERSITZ hockt das Mädchen in der warmen spätnachmittäglichen Herbstsonne auf dem wochenendhäuschenhohen Sockel des Freiheitsmonuments – seltsamer Widerspruch, »die Freiheit« in Erz zu gießen – und löst, stellt er sich vor, Hausaufgaben oder Silbenrätsel oder schreibt Tagebuch, oder Liebesbriefe, stellt er sich vor, in der Spätnachmittagssonne im verwahrlosten Park, umgeben vom furchtbar stinkenden Verkehr.

➌

EISERNER VORHANG. Irgendwie kam er während des Tags im Seminargespräch mit den Studenten auf die Mauer zu sprechen. Am Abend dann, vor seinem Küchentisch sitzend, blätterte er im Kinderbuch des tschechischen Zeichners, der nach England und Amerika emigriert war. Es stellte die Dinge mit einer Klarheit dar, wie er sie noch nie gefunden hatte. Ihm liefen auf einmal die Tränen übers Gesicht, mit einem heftigen Weinkrampf musste er sich in den Sessel flüchten, hatte die Kontrolle über sich verloren – das Grauen der zweiten Hälfte des 20. Jahrhunderts stieg in ihm hoch, eine Serie von Bildern und Empfindungen, die unmöglich auf einen Begriff zu bringen gewesen wären: alte Wochenschaubilder vom Kriegsende, die Katastrophenbilder der sechziger Jahre, Schmalfilmbilder mit seinen im Jahr der deutschen Staatsgründungen geborenen Eltern darauf, der Gedanke an eine verkorkste Existenz im Osten – man mag es drehen und wenden, wie man will, aber

eine verkorkste Staatsphilosophie lässt nur verkorkste Lebensent-
würfe zu –, das bisschen kleinbürgerliche »Glück«, Bilder Bilder
Bilder, tausendmal ausgestrahlt und projiziert, was für ein verviel-
fachtes Grauen im Kopf, ein erneuter Weinkrampf, ein unwillkür-
liches Schmerzempfinden bei jedem Umblättern der Seiten des
Bilderbuchs. Tränenausbrüche, wie er sie mit ähnlicher Heftigkeit
höchstens noch nach Tarkowskis Filmen erlebt hatte. Oder nach
dem Anschauen gewisser Fotobestände aus Familienalben. Tränen
am Küchentisch in Sofia.

❷

DIE ANDEREN. Sah einen Amerikaner im Straßencafé vor einem
Apple-Notebook sitzen. Es war nicht die Hautfarbe; das geschei-
telte Haar; der zur Schau gestellte naive Stolz, Amerikaner zu sein,
mit der Muttermilch aufgesogen, in der Schule eingetrichtert; nicht
einmal die Kleidung oder der Habitus, einen Computer im Freien
vor sich aufzuklappen, waren es, weshalb er ihn unzweifelhaft als
Amerikaner hier in Sofia zu erkennen glaubte, sondern schlicht die
Distanz, die seine ganze Erscheinung unwillkürlich zu seiner äußeren Umgebung einnahm, war die Garantie dafür, er konnte gar
kein andrer sein. Hinzu kam, dass er sich in ein überteuertes Café
gesetzt hatte, auf dessen Tischen nur englischsprachige Menükarten
auslagen. Und woher der siebte Sinn der Bulgaren, jemanden, zum
Beispiel auch ihn, den Deutschen, noch ehe er ein Wort gesprochen
hätte, als Ausländer auf Englisch oder Deutsch anzureden, oder ihm
als erstes die englische Menükarte anzubieten? Der Kontrast, den er
zwischen dem Amerikaner und seiner Umgebung wahrgenommen
hatte – eine Wahrnehmung, auf die er im ersten Moment stolz war
und die ihn sich als ›einheimisch geworden‹, als ›einen von hier‹
schon über den anderen triumphieren ließ – ist derselbe Kontrast,
den in dieser Stadt sein eigener Schatten wirft.

❷

SEINEN ORT FINDEN. »Hast du, womit man dich ruft, einen Ort?«
(Brinkmann) Die Sesshaftigkeit der großen Dichter – selbst oder gerade eben dann, wenn sie viel auf Reisen waren. Goethe beginnt die Farbenlehre in der Campagne zu schreiben; Benn kommt in Brüssel am Rönne voran. Exil ist für den Dichter eigentlich überall, Paris ist Ausland für Heine wie (sogar noch mehr) für den Pariser Baudelaire. Das hat letztlich etwas Tröstliches: Als Dichter ist man nicht auf einen geographischen Ort festgenagelt, den ›Ort‹ stellt man sich selber her. Das Schwierige daran scheint allerdings zu sein, die Beharrlichkeit auszubilden, sich dauerhaft an diesem Ort seiner Poesie aufzuhalten oder ihn sich nach möglichem Verlust immer wieder zurückzuerobern, sich eine Residenz darin zu errichten anstatt blind den zufälligen Lokalitäten, in denen man sich seine Existenz hindurch bewegt, ausgeliefert zu sein. Der *locus*, an dem wir uns gerade eben befinden, spricht erst zu uns, wenn wir uns innerlich unabhängig von ihm gemacht haben und darin unseren *eigenen* Ort behaupten; der könnte dann jedenorts zum *locus amoenus* werden.

❶

DEUTSCHE WELLE. »In Westafrika hören Sie uns auf 9445 Kilohertz.«

❶

BEDÜRFNIS, VERLIEBT ZU SEIN. Das ist nichts anderes als der Wunsch nach Heimischwerden, nach Heimlichkeit, in der Not des ewig fremden Jetzt und Hier.

❶

DOMINANZ ÜBEN. Die Mafiaautos – oder das, wofür sie gehalten werden wollen, aufgebockte massige Karosserien, stahlgepanzert, dabei wendig westerprobt komfortabel, mit allem Schnickschnack der Autoindustrie des 21. Jahrhunderts ausgestattet – überragen die anderen durch den Stadtverkehr jonglierenden Wagen um mindestens das Doppelte. Aber selbst darin mag es wieder Nuancen und Feinheiten geben, denn nicht jeder von den vielen, die so ein Gefährt steuern, dürfte »Boss« oder »Pate« sein – die meisten sicher bloß simple Nutznießer des organisierten Unwesens, Profiteure und Angeheuerte, und nur Eingeweihten mag sich an Merkmalen von Typ Farbe Kennzeichen Stoßstangenform oder Scheibentönung erschließen, wer da gerade um zwei Kopflängen erhöht an einem vorüberbraust. Wobei von ›Brausen‹ im stockenden, zwischen Stopp und stolperndem Go tagtäglich kollabierenden Stadtverkehr gar keine Rede sein kann. Überholen heißt auch für die großen Wagen nichts weiter als in die nächste sich bietende Lücke voranzuspringen: Übermacht durch Schnelligkeit und Beschleunigung lässt sich so nicht mehr zeigen. Hier wird Dominanz üben tatsächlich zu einer Demonstration unübersehbarer, überwältigender physischer Präsenz. Jeder Passant und jeder Kleinwageninsasse wird schon aus physischer Notwendigkeit und dem natürlichen Reflex der Bedrohung diesen Panzern ausweichen, vor ihnen stehenbleiben, anhalten, sie vorüberlassen. Das genügt ihnen bereits, denn auf diese Weise erhalten sie die Bestätigung, die sie verlangen: der Kotau des Fußvolks und der Leichtberittenen vor den *nobiles* und ihrem unsichtbaren, an allen Ecken und Enden lauernden Liktorenheer. Sie sind, wer auch immer hinter diesen Scheiben Platz genommen hat und sich mit unendlicher Leichtigkeit auf den Polstersitzen vollklimatisiert durch das urbane Elend draußen chauffieren lässt, die eigentlichen Herren im Staat und dulden nur ihresgleichen neben sich.

❶

DIE BESTRUMPFTEN BEINMODELLE in den Schaufenstern aufgereiht: Sie arbeiten der Phantasie voraus.

❶

INS TRAUMARCHIV passen nie mehr Figuren hinein als auf einem Schachbrett Platz haben – sie sind bisweilen austauschbar, aber nicht alle schaffen es zum König oder zur Königin.

○

»THEN FROM THEIR POVERTY THEY ROSE, / From dry catarrhs, and to guitars / They flitted / Through the palace walls. // They flung monotony behind, / Turned from their want, and, nonchalant, / They crowded / The nocturned halls.« (Wallace Stevens, »The Ordinary Women«)

○

EINE APORIE BEI DER SCHREIBABSICHT. Sobald du vor die Tür nach draußen trittst, dreht die Straße mit ihrem Lärm und ihren Bildern dir die Worte im Mund herum oder löscht sie in den Synapsenbahnen aus, wo sie sich als exquisiter, reizender Gedanke zu formen begonnen hatten. Doch die Worte, die du hast hervorbringen wollen, stimmen plötzlich nicht mehr mit der Wirklichkeit überein. Jede Schaufensterauslage, jedes stöckelnde Mädchenbeinepaar ist gegenwärtiger und auf eine direktere Art reizvoll als ein lange im Großhirn hin und her gewälztes Wortmustergedankenspiel, jede ausgestreckte Bettlerhand ist ein unmittelbarer, grausam realer Vorwurf an den Luxus schöner Worte, jede Ampel, jede Hupe, jeder Motor ein dringlicherer Appell an die Wachsamkeit, den Lebens- und Überlebensreflex als es irgendeine im interesselosen ›schönen‹ Gehen oder konzentriert am Schreibtisch gewonnene Reflexion je sein könnten. Das ist nicht abwertend gemeint, es zeigt nur, wie wenig die komplexe, täglich zu bewältigende *eigentliche* Wirklichkeit Anteil an unseren wertvollsten, exklusivsten, poetischsten Gedanken hat – oder ist es ohnehin so, dass man sie nur als *Kontrast* zur Wirklichkeit empfinden kann? Das, was ihren ästhetischen Wert und ihre potentielle Dauer (als Notiertes, Auf-Geschriebenes) ausmacht, steckt zugleich ihren Limes ab: Sie sind und bleiben Geistes-Produkte (die Verkehrsregeln oder ein Modefetisch sind handgreiflich dagegen, Dinge, über deren Sinn man nie irregeht) – selbst noch der en passant »tout seul parmi la foule« (Apollinaire) empfangene Geistesblitz bleibt in dieser Hinsicht wirkungslos. Doch *dass* dieser Geistesblitz sich eigentlich nur in der handfesten Wirklichkeit und kaum vor dem Computerschirm ereignen kann, deutet auf den womöglich doch lebenspraktischen Wert hin, den so ein rein verbaler Vorgang besitzt: Mich mit einem *spontan einleuchtenden Bild* durch die ›an sich‹ unbegreifliche Wirklichkeit zu schmuggeln bis zum nächsten Schritt, der wieder ein Schnitt ist durch das Ganze, das man schon hatte aufleuchten sehen, hindurch.

⬅

WITOSCHA, zlatni mostove: die leuchtend gelben Feuersalamander in der Wassergrube

➡

BALLET MÉCANIQUE. Die Müllabfuhr als Mitternachtschoreographie auf dem Witoschaboulevard. Eine kreischende gelbe Straßenbahn, blinkende Wagenlichter, das Gerumpel der eisernen Mülltonnen, die ins Wageninnere ausgeleert werden. Alarmsirenengeflunker, das jede Nachtruhe verscheucht

⬇

MALL OF SOFIA ODER DIE UNIVERSEN DER MELANCHOLIE. Gegen das Gefühl von Unwirklichkeit, das diese riesenverglasten keimfreien vollausgeleuchteten Einkaufs»zentren« verströmen, sind wir im Westen längst immun – da, wo alles von einem künstlichen Hochglanzfilm versilbert ist, gibt es keinen Instinkt mehr für den Kontrast von ›Natur‹ und ›Künstlichkeit‹; – aber wehe, die Risse dahinter werden sichtbar! In Sofia hingegen tritt man aus der *Mall* ins Freie hinaus, ist alles Riss, die Fassade gegenüber mit Flecken gelbgrauen Verputzes überzogen, die Schornsteine und Dachziegel schief und auseinander klaffend, lichtlose Flure, vorhanglose dunkle Fenster, Krater im Gehsteig, die Straßenbahnoberleitung schlägt Funken beim Vorüberrasen der Tastarme – das ist die Wirklichkeit der Stadt. Was die glitzernden Auslagen im Angesicht der nicht so konfliktfrei und für sich selbst existierenden Welt kreieren, ist ein Zuwachs an Melancholie, denn die Projektion von gelungenem Sex und Lebensglück durchs Kaufen und Tragen all der Gegenstände ist nie im Leben einzulösen: Immer wieder wird man mit der Nase aufs harte schmutzige Straßenpflaster zurückgestoßen oder strandet völlig einsam unter einem Riesenplakat, welches »das perfekte Paar« anpreist. Denn *dass* die Dinge hinterm Glas der *Mall* kein Verlangen nach erlösendem Sex, der Bilderkitsch kein Bedürfnis nach dem »guten Leben« wecken, wird nur behaupten, wer über seine Melancholie die Maske des Zynismus stülpt. Das ist ja die Tragödie: Die Sehnsüchte, die die *Mall* wachruft, sind alle echt, doch was diesen durchsichtigen Glasort am Leben, das Geld am Fließen hält, ist zugleich die Quelle der Verzweiflung: dass sie alle unerfüllbar sind. Die Sehnsüchte der Mall sind mit dem, was wir als »Wirklichkeit« kennen, so wenig vereinbar wie der hellichte Tag mit neon ausgestrahlter Mitternacht.

❯

NACHTS AUF DEM STAMBOLISKI-BOULEVARD: Der Eingang zu einem taghell erleuchteten Kellerloch, das den Schriftzug »Cielo« trägt.

❯

WO WAREN SIE HIN, die Zweitaktautos seiner Kindheit, die vom Donezbecken und aus dem Kaukasus grüßenden Rußmotoren, die so unschnittig wie nur möglich geformte Hartplaste vom Sachsenring, die Eisenacher Stahlgusskarosserie? Abgewandert auf die Straßen des Balkans, geparkt und ausgeschlachtet in einigen Seitenstraßen Sofias oder, wie der frisierte Trabant in Kusturicas letztem Film, die bemitleidenswerteste Nebenrolle spielend – des Gefährts, in dem der ewige Zweite, der ewige Nebenbuhler, der ewige Verlierer der Geschichte, der Tolpatsch, der Trottel, der es nie besser wissen wird, sich ewig erfolglos auf die Balz begibt? Der Trabi ist ein Gefährt zum Lachen, eine tragikomische Karosse, und wäre Don Quichotte heute auf dem Balkan zuhause, würde er in die Welt per Trabant hinausziehen – der Trabi fährt, der ganzen Lächerlichkeit seines Aufzuges zum Trotz, ein knatternder Anachronismus im Zeitalter gepanzerter Turbolimousinen, und deshalb wird man den armen Schlucker, der dem über ihn verhängten mediokren Schicksal in dieser Fortbewegungsform entgegenrast, nie wirklich böse sein. Man wird mit Tränen darüber lachen – auf der Leinwand. Und ihn auf der Straße übersehen.

❶

A VERY SHORT DESCRIPTION OF HIMSELF. Nur aus dem Bedürfnis heraus, einmal selbst die Haut zu betrachten, aus der er nicht fahren kann. Selber zu wissen, was ihn *hier* angeht und wieso, weshalb er sieht, was er sieht, was du nicht siehst. Die Obsessionen, denen nicht zu entkommen ist, die sich nur noch steigern, wenn man sie auszuschneiden sucht. Also: seine Sehnsucht nach der Stadt, der Metropole muss die des Dörflers sein, des Kleinstädters, der ausbrechen will, der in der Naivität seiner kindlichen Prägungen sich bis ans Lebensende an Oberflächen berauschen, ihnen melancholisch nachtrauern wird, während der geborene Städter einfach nur daran vorübergeht, unbeeindruckt, an die Reize gewöhnt und sie mit dem perfekt auf Vermeidung von Aufregung getrimmten Scheibenwischer seines Bewusstseins auszublenden vermag. Seine beinah krankhafte, kränkliche Sehnsucht nach einfach nur schönen, harmonischen Oberflächen, Ansichten, Anblicken, Augenblicken, der Drang, genau dies und nichts anderes seinem Alltag abzugewinnen. Seine beinah homosexuelle Vorliebe für die Mode, die Modefotos in Frauenzeit-schriften wie Elle oder Vogue, für Damenparfüms, für ausgefallene Kreationen. Die Verfallenheit an die synthetischen, die Fetisch-Aspekte der Großstadt und dann die Traurigkeit darüber, ihnen hilf-los ausgeliefert zu sein (»sich abhärten wollen gegen den Chique der Frauen«, geht das überhaupt?). Und die Sehnsucht, mitten in der Großstadt, nach langen Waldspaziergängen; der Gedanke, jeder Tag, den er keinen Wald betreten hat, sei tatsächlich ein verlorener Tag. Und im nächsten Moment das Schnittmuster zweier Mädchenbeine, denen er rettungslos verfällt. Die Sterntaler-Geschichte in Woyzecks Variante. Aber immer nur die halbe Wahrheit über sich, die andre Hälfte geht im Moment, da er »es« aufzuschreiben glaubt, verloren, zwischen den Zeilen, zwischen den Worten, in seinem Vergessen, seiner Ungenauigkeit und seiner Scham.

◒

WIE ES KOMMT, wenn er in radebrechender Konversation hilflos nach dem bulgarischen Wort, das er nicht kennt, nicht gelernt oder wieder verlernt hat, im Gedächtnis gräbt, dass ihm anfangs immer das ent-sprechende italienische Wort als erstes einfiel und er dieses im Eifer des Geredes äußerte, bis er bemerkt, dass dies kein Bulgarisch war, sein Gegenüber ihn nicht verstehen konnte – aber die italienische Theatralik der Gesten vielleich doch? Macht Italienisch wegen der die Worte begleitenden Gesten die Verständigung ›ohne viel Worte‹ schon an sich bequemer?

⬌

DIE EMIGRATION beginnt auf kleiner Flamme. Die Männer, die sein Großvater kurios in seiner Dorfchronik vermerkte, welche auf eines der Nachbardörfer gezogen waren, um dort ihr Glück bei einem der Bauernmädchen zu versuchen, galten als *ausgewandert*. Was damals von Dorf zu Dorf geschah, geht längst schon global vor sich.

LIEBE. Während das Flugzeug abhebt, sich ihr Gesicht wie die Gegenwart eines Engels ins Bewusstsein rufen. Solang es mir vor Augen steht, ist das Dröhnen, der mangelnde Druckausgleich in der Maschine ein unschädlicher Sound. Bedürfnis, die fünf Buchstaben ihres Namens endlos hintereinander abzuschreiben (»wie froh ich wäre, gäbe mir jemand den Befehl, tausend Schulhefte mit deinem Namen vollzuschreiben«).

←

WAS BRINGT EIN GEDICHT eigentlich gegenüber einem Lied an Emotionalität, Bewegung, Mitgerissensein, gegenüber einem Film an Bilderreichtum, seltsamen Verknüpfungen und Sprüngen von Bildern, Bildern und Worten, Bildern und Rhythmus, mehr zustande, was macht es zu einem Ereignis, das den Kontrast mit Musik und Film nicht zu scheuen braucht? Sich diese Frage stellen und dann erst zur Feder greifen, das würde überflüssige Gedichte vermeiden helfen.

↻

AUS DER NÄCHTLICHEN HÖHE – die Stadt unter der Maschine sei Zagreb, sagte der Kapitän – werden die Straßen mit ihren elektrisch gelben Beleuchtungsreihen tatsächliche Adern, sich verästelnd und irgendwo verdämmernd in der Dunkelheit.

↻

BELGRAD AUS DER NACHTLUFT: sternförmige Ausdehnung, als flimmerte da noch immer »die jugoslawische Idee«

→

DOWN TO EARTH. Man könnte, mit dem geeigneten (entsprechend ›geeichten‹) Sensorium, in dieser Stadt Spuren eines perspekti-

vischen Programms, sagen wir von William Carlos Williams, wieder-
entdecken: einerseits die brodelnde, viel zu schnell ablaufende
Moderne mit den anonymen Bannern, Leuchtschriften, Trans-
parenten überallundnirgends, dem ganzen entfremdeten Dasein,
dem Existieren im Zeitraffer, dem Nicht-mehr-bei-sich-selber-Sein,
dem nur noch schockierten Registrieren von Zahlen, Nummern,
Buchstabengeflitze (»The great figure«); und andrerseits im Schatten dieses Monstrums die unverhofften, unerhofft stillen Szenen,
die sich ›dennoch und trotzdem‹ laufend abspielen – das Mädchen
mit den Kirschen im Mund, die sie sich so gut schmecken lässt, die
Banizaverkäuferin, die liebvoll und sorgsam ein Stück Blätterteig
abwiegt und taxiert, die Stolpersteine im Asphalt und mit welchen
Taktiken die Menschen ihnen auszuweichen suchen, die Schönheit, die man vom glänzenden Plakat herab in die sekundenlang
lächelnden Passantinnenmienen hinunterspringen sieht.

◗

BILD VON REINER HARMONIE, wie er es sich auszufabeln liebte: die
Vorstellung, in einem Gemälde des Rokoko leben und Verkehr mit
Nymphen und Sylphiden haben zu dürfen

◗

DIE MODE, sagt man, sei universal gültige Sprache. Trugschluss anzu-
nehmen, dass der Wiedererkennungseffekt die verschiedenen Mutter-
sprachen irgendwie einander näherbringe. Man trägt die gleichen
Marken, echt oder gefälscht, folgt der Modevorschrift als universalem
Schönheitscode – und die alten Missverständnisse tauchen wieder
auf, sobald man nur das erste Wort geäußert hat: gebrochenes Englisch, fremde Silben, verwirrende Gestik (andererseits die Mode ein
Anlass zu reden, international verflochten, der Dresscode eine Möglichkeit, sich über die fremde Sprache und Kultur hinweg ›vorübergehend‹ im Anderen wiederzuerkennen)

DEFEKT. Er malt sich die Liebe in seiner Vorstellung immer viel zu sehr aus, als dass für sie *in Wirklichkeit* noch Raum vorhanden wäre.

◓

HANDWERKERGERÄUSCHE, HANDWERKERSTIMMEN, im Treppenflur, auf dem Gerüst: Seit seiner Kindheit rufen sie quer über den europäischen Kontinent, Putzkratzen blanker Maurerkellen, bierseliger Bass aus rauen Maurerkehlen.

◓

»LEBENSMENSCH« (Thomas Bernhard): das ist eines der letzten Dichterworte, das als poetische Bereicherung in die Allgemeinsprache eingegangen ist.

◓

SIE WAR SO SCHÖN, dass es weh tat, sie anzuschauen und zu wissen, bald wird ihr Gesicht verschwunden sein.

◓

AMSTERDAM ALS TOURISTISCHE PROJEKTION. Das scheinbar – also oberflächlich – Entgegenkommende dieser Geschäftsstraßen, die dem Besucher das authentische Lokalkolorit bieten, ohne ihm einen Widerstand an Fremdheit entgegenzusetzen. Die unverbindliche Höflichkeit dieser Plätze und Menschen (strahlend ohne sich einzubrennen) ist die unverbindliche Höflichkeit des Kapitalismus, die jeden Fremden willkommen heißt, solang er sich auf den Tauschwert für die Dinge in den Fenstern einlässt. Das ist der Zoll, den er für seinen Wunschort »Amsterdam« entrichtet, an dem jeder findet, was er sucht, an dem jeder das Leben führt, das ihm entspricht, an dem jeder sich gespiegelt sieht mit seinem

Bild von »Amsterdam«, ohne je davon enttäuscht zu sein – vorausgesetzt er nimmt die Oberfläche, die Fassade »Amsterdam« (es gibt nichts außer ihr) für buchstäblich bare Münze, und nichts darüber hinaus.

❶

DIE AIRPORTS. Residenzen des 21. Jahrhunderts, an denen alles zugleich passiert, ohne dass irgendetwas passiert. Orte vollkommener Tag- und Nachtgleiche wie jetzt auf dem Schiphol-Flughafen, Amsterdam, zwischen drei und vier am Morgen – vorbeieilende, sitzende, gähnende, irrende, mit ihren Augen in der Luft hängende Menschen (ohne dort einen Halt zu finden). ABER wie der Schwarze auf seiner Wischmaschine plötzlich heftig und lebendig um die Ecke rast – als sei die Wischmaschine sein Instrument, brausender Auftakt eines Voodoozaubers

❶

DIE KRÄHEN, die um Tragfläche und Rumpf der wartenden Maschine hüpfend schweben schwebend hüpfen, im dichten Grau des ersten Dezembertags

❶

DIE STRICHMÄNNCHEN- UND MÄDCHEN auf den Informationsbildschirmen der Boardingkontrolle, die Vorschriften und Verhaltensregeln für die Übergabe des Gepäcks in die Durchleuchtungsapparate demonstrieren sollen, sind die Konsequenz der Reduzierung auf die reine Oberfläche von Mensch und Ding am Airport: einfach zu durchleuchten, das ist der Maßstab. Mit unserer sexy-schicken Strichmännchen und -mädchenoberfläche, die wir grinsend akzeptieren wie das Publikum in den dreißiger Jahren die ersten Disney-Filme akzeptierte, finden wir uns damit ab, keine Geheimnisse mehr voreinander zu haben, nichts als die reine Durchsichtigkeit des Fetisch-Appeals bleibt von uns übrig.

●

FIGHT CLUB. Der Wunsch, diese ganze gläsern-künstliche Oberfläche, das zum Strichmännchen verkümmerte Menschliche der Airport-existenz einfach kaputtzuschlagen, ist leicht zu durchschauen: Wo unsere alltägliche, früher einmal die »natürliche« Umgebung mehr und mehr einer Spielzeugwelt, einem Legobausteinoikos gleicht, da wächst der kindliche Trieb, an den Dingen zu rütteln und sie vor sich einstürzen zu sehen – da sie eben nicht »wirklich«, sondern nur aus Plastik sind…

●

ODER: Ist es möglich, einen Lebensmodus für die scheinbar unvermeidlich gewordene Strichmännchenexistenz zu finden, der ihr dennoch ein Höchstmaß an spontaner Lebensintensität einhauchte?

●

RAKIA AM BORDSTEIN. Die älteren »verhutzelten« Frauen zuseiten der Straßenbahngeleise der Graf-Ignatiev-Straße hocken auf Pappkartons und bieten Coca-Cola-Flaschen mit selbstgebranntem klaren Rakia zum Verkauf.

●

SOFIA UNTER SCHNEE, NACHTS: ein stilles Bild, die Autos mit einer weißen Haube, wie Bestandteile einer Landschaft, oder müde, in Reglosigkeit versetzte Tiere, zermahlene graue Schneereste am Bordstein, weiße Haufen Schnees auf den Gehwegen, dünner ausgetretener Sohlen-Pfad in der Mitte und die Leere der Boulevards,

in die man bis zur nächsten Kreuzung blicken kann: gähnende
Schächte erstarrten Lichts.

○

»FRAUEN SIND, was immer sie sonst sein mögen, die geborenen
Sehnsuchtswesen.«

○

»DER BALKAN IST neben Afrika der größte Zitatenlieferant des Pop.«
(Süddeutsche Zeitung, 8. Dezember 2008)

○

BUSINESSMAN AUS PERU. Der Mann, der ihm auf dem Schenski-
Basar die braunglänzenden gefütterten Winterschuhe verkaufte, war
ein peruanischer Indio, seit dreißig Jahren auf dem Balkan lebend –
mit einer Bulgarin verheiratet; die kleine Tochter, die neben ihm saß
und ihn, den fremden Kunden, beim Anprobieren der Schuhe mit
einer Mischung aus vom Vater ererbter Geschäftigkeit und kindlicher
Kuriosität betrachtete, half tüchtig mit auf seinem Stand im Basar.
Seine Muttersprache sei Kechua, ein echter Indio, sagte er stolz – ab
und zu, wenn er Geld beisammen habe für den Flug, besuche er in
Lima die Verwandtschaft, sonst sei er hier in Bulgarien, seit er das
Studium, wofür er eigentlich einmal herübergekommen war, an den
Nagel gehängt oder als brotlose Kunst einfach aufgegeben hatte,
als Businessman selbständig. Hatte Berlin, Köln, München kennen-
gelernt und pries besser als es jeder Einheimische je vermocht hätte
vor ihm, dem Fremden, die lackglänzenden Lederschuhe seiner pro-
visorisch-dauerhaften Dreibretterwandboutique.

○

POETISCH. Die schiefen Dächer von Sofia, die schief gemauerten, von Ziegel zu Ziegel dick mit zu viel Mörtel verschmierten Dächer der Stadt – und der Gedanke, du wirst fremd sein, solange du nicht das Lebens-Wesen gefunden hast, mit dem du darunter hausen kannst.

➡

DIE GESCHICHTE vom Rumpf der russischen Antonov, den eine Bergwacht im Kaukasus sich zum Unterschlupf hergerichtet hatte. Lieber noch stellte er sich georgische Hirten vor, und den Rumpf als Wrack einer abgestürzten Maschine, die ihnen dann zur Hütte dient, in der sie ihre salweidenhölzernen Hirtenflöten an die Lippen setzen: Vergil im Cockpit angestimmt.

⬅

DIE COCACOLANEONROT drapierte Weihnachtsfichte vor dem Hintergrund der russischgoldenen Nevskikathedralenkuppeln: Sofia nach einer Dezemberregennacht

⬇

VISION, REAL: Ganze Autofriedhöfe des Westens zu zombiehaft rasantem Leben magnetisiert und die Betonschotterpisten des Ostens heimsuchend, das Jüngste Gericht

⬅

»КАПРИС«: Die Stimme Nicos aus einer Kaffe- und Zigarettenbar neben dem Kentucky-Fried-Chickens-Stand

⬇

AUFENTHALT IN DER HÖLLE: Die zusammengekauerten Gestalten nachts unter dem warmen Dunstabzugsschacht, aus dem gerade eine Wolke heißen, waschmittelsüßen Wasserdampfes in die Höhe steigt

◐

DIE NEBELKRÄHEN vor der Bank im Park, wo er am Vormittag seine Baniza aß, sie kannten nichts und niemanden, wenn es um ein paar Krümelchen Teig und Fleisch ging, die er ihnen mehr aus Langeweile denn Mitleid zuwarf.

◑

DER FREMDE, DEN JEDER KENNT: Peter Falk im »Himmel über Berlin«

◒

DIE UTOPIEN sind noch nie auf dem Land entstanden. Sie haben immer eine Metropole nötig

◓

MAN SUCHT den Menschen ihre Orte anzusehen, an ihrem Aufzug abzulesen, wohin sie, an den Check-in-Schaltern wartend, unterwegs sind: Passt das schwarze, streng-schicke Businesskleid nicht zum Mädchen, das für den Flug nach Stuttgart ansteht? Und die hässlich-blassen Wangen zieren die stagiaire, die jetzt nach London Heathrow aufbricht? Passt der Typ mit Borsalinohut besser nach Aberdeen, Athen, Kapstadt oder Buenos Aires? Die knallroten Lippen nach Nowosibirsk, Manila, Tokio oder Madrid? Die Stilettos nach Sofia, Belgrad oder Bukarest? Tatsächlich könnte jeder der Anstehenden überallhin unterwegs sein; es gibt keinen Maßstab, um noch jemanden seiner bloßen Erscheinung wegen auf irgendeinem Ort der Welt zu verbuchen. So viele unter ihnen benutzen die

Maschinen nur zum Umsteigen; so viele tun ihr ganzes Leben lang nichts anderes als umzusteigen.

❷

UND AUF DEN BILDSCHIRMEN in den Warteräumen »Todesbilder und Schrecknachrichten« (Brinkmann) und die auf Mikrofone starrenden Gesichter der Verursacher, Beschwörer und Beschwichtiger. Das wimmelnde Fähnchenmeer, den ganzen Schirm ausfüllend, zum Jahrestag der kubanischen Erhebung hat *dagegen* etwas von heiler Welt.

❶

SOFIA IM JANUAR. Die Hunde suchen Wärme vor den Hauseingängen.

❶

PRIMÄRE MENSCHLICHKEIT. Jemanden wiedererkennen in seiner Individualität, das *reconnaître* in seiner Grundbedeutung, jemanden grüßen, weil man sich seines Gesichtes ›entsinnt‹, wie z. B. die Banizaverkäuferin hinter ihrem Tresen im Laden um die Ecke, die ihm zu seiner Verwunderung alles Gute gewünscht hatte im neuen Jahr, ihn fragte, während sie die Banizaecken in graues, dick angerautes Papier einschlug und mit dem Klammeraffen tackerte, wo er zum Neuen Jahr gewesen sei, ob in Bulgarien, und als er verneinte und Deutschland erwähnte, einfach nickte: *v keschta*, zuhause, das war ein kleines alltägliches Wunder, auf die Nacht folgend, nachdem er aus Deutschland hierher zurückgekehrt war, die Heizkörper gaben kaum mehr Wärme ab und man fürchtete, nun bräche auch noch die Elektrizität zusammen, sich türmende Schneehaufen an den Straßenecken, auf den immer unwegsamer werdenden Wegen zu Matsch und Schmiere zertretene Reste braunen Schnees.

❶

»IN BULGARIEN, scheint es, musst du die Demonstranten bezahlen, damit sie überhaupt auf die Straße gehen – erst dann sind sie davon überzeugt, es ›zahlt sich aus‹.«

●

DER GEOMETER auf der Zarigradsko-Chaussee, mit seinem Dreifuß zur anderen Seite, wo die Kollegen aufgebaut sind, hinüberpeilend: ganz in rotem Leinen – seine Arbeitskluft –; und dann der deutsche Aufdruck BILD auf seinem Rücken

●

DIE VERFLÜSSIGUNG DER UNTERSCHIEDE. Im blickdichten Stretch-stoff der Leggings verschmilzt die Ästhetik von Strumpfhose und Jeans miteinander, es fällt zunehmend schwer zu sagen, ob sich zwischen Stiefeln und Rock der Mädchen eigentlich noch schwarze *tights* oder schon schwarze Röhrenjeans aufspannen – die Mode drängt offensichtlich nicht nur zur Kombination aller möglichen, konventionell voneinander geschiedenen Accessoires, sondern ebenso zur Verflüssigung der Unterschiede in der Phänomenologie ihrer Stoffe. Woher rührt das? Mag sein, dass hier wieder einmal der Wunsch, Gegensätze aus- oder einander anzugleichen zum Vor-schein kommt: der Chique der stolzierenden, in ihrem Glamour triumphal über das urbane Elend hinwegschreitenden Schönheit und die rotzige Eleganz der Arbeiterin, die es eilig hat, zum nächsten Termin zu gelangen und in der Angst vor Laufmaschen lieber zur reißfesten Baumwollfaser greift. Der neue blickdichte Stretchstoff, der beides ineinanderfließen lässt, wird zur Manifestation absoluter Gegenwärtigkeit in jeder Beziehung – der Existenz im modischen Zeitgeist der Sehnsuchtsmagazine *und* dem Dasein Tag für Tag auf hektischen, stauberfüllten abendländischen Boulevards.

●

HUNDE AN DER LEINE; Hunde herrenlos; Pekinesen in rotem Flanell; ein Golden Retriever im Trott; Rudeltiere und Einzelgänger; plüschfellige Welpen im Schaufenster; in ihren fleckigen Pelz eingerollte Parkstreuner. Und aus dieser Perspektive die Parade der Frauenbeine: exotische Strumpfmuster; blickdicht oder durchscheinend schwarz; cappuccinobraun; merinoschafswollweiß; gerippt gerautet schlangenförmig; Stiefel darüber; rockumschlagen; asphaltgrau und strahlendrot. Dazu die Musik der Schuhabsätze, dazu die Gesichter, von schwarzem Haar umrahmte Augenpaare, beim Sich-Umblicken an der Ampelkreuzung, beim Überholen im Passantenstrom; dazu das Schellen der Straßenbahn; dazu der stinkende Sound der Motoren; dazu das Blattgold der heiligen Sofia, die an der größten Kreuzung im Stadtherzen die Arme breitet, ›sich erbarmt‹ (wessen? wofür?); dazu der Abendstern über der Moschee.

❶

PLÖTZLICH eine Straßenbahn ganz in Lila gestrichen, so einzig und absurd, dass man auf den Gedanken kommt, es muss die einzige Farbe gewesen sein, die übrig war, als man die Bahn hatte streichen wollen.

◕

BEIM GEHEN den Witoschaboulevard hinab an einem Sonntag Ende Januar: Manchmal hält man die Kontur der Wolken schon für den Berg, der am Fuß dieser Straße beginnt, so schroff und weiß-schrundig wie Schnee in der Gipfelsonne leuchten sie.

❷

MANCHMAL DIE FRAGE, wo bin ich eigentlich, wenn er »hier« durch Sofia geht, Bulgarien, im späten Januar die Frühlingsluft, aller Schnee der letzten Wochen abgeschmolzen, der Himmel ein Kartentisch mit blauen Ozeanen darauf, die Sträucher und Baumzweige kahl, und ist es möglich, dass mitten auf den ölverschmierten Boulevards ein Vogel schrie? Wo aber bin ich, mit den Gedanken in einem anderen Vorfrühling, die Tauwettertage der Kindheit, die blauen Landkarten darin, eine kleine Welt weiter nördlich, doch so nah, dass sich noch vieles ähnelt, so sehr, dass er mit seinen Gedanken in die erste, angestammte Welt hineinspazieren kann – doch »hier«, sobald er nur den nächsten Passanten, die nächste Ladenaufschrift anblickt, ist er ganz alleingelassen in ihr.

●

WETTERLEUCHTEN. Das Aussehen des Hochgebirgsmassivs im Fenster ändert sich laufend mit den Licht- und Wetterverhältnissen wie das Leuchten im Gesicht der Geliebten sie immer wieder neu zum Rätsel macht.

●

EINE STADT (JEDE STADT?), die bei Regen plötzlich liebenswert wird, »heimisch« – wenn man mit einem Schirm über dem Kopf oder einem Mädchen am Arm eine Stunde vor Mitternacht über die Plätze läuft.

●

DIE WUT AUF DEUTSCHLAND, wie sie noch Brinkmann am tiefsten – und nachvollziehbar – innewohnte, ist heute so nicht mehr zu empfinden. Beim Flug nach Frankfurt, sehr früher Morgen, der in Belgrad lebende deutsche Steward will sich mit mir über Peter Handke unterhalten, die Stewardess blickte sanften Auges ins Spektrum des Morgenrots, das plötzliche Lichtband über dem Grau, »erklär mir das« –

●

BEIM HÖREN DER BORDANSAGE: Die deutsche Sprache ist ein weiches Idiom geworden, fast feminin; die Befehlstöne scheinen ausgestorben – vielleicht hat die Literatur unterschwellig doch Wirkungen gezeitigt, die nicht auszumessen sind, nicht aufzurechnen nach Leser- und Verkaufszahlen; einfach durch ihr *Dasein* hätten die guten, unverkäuflichen Bücher dann doch, viel später und jeder Erwartung entgegen, gewirkt? Oder ist dies weiche Deutsch nur der Säuselton der eilfertigen Dienstleister mit gutem Salär, der sich sofort wieder in einen Befehlston verwandelt, sobald man die Maschine verlassen und seinen Ausweis vorzuzeigen hat?

◑

BEI PAULUS BÖHMER: »Dem Fetischisten ist jedes Kleidchen zu lang.«

◓

AUS DEM FLUGZEUG, NACHTS: anderes Licht über den Städten des Balkan, ein Glühwürmchenlicht, Kissen schwacher Lichtpunkte

◓

DIE KATZE auf dem steinernen Pflaster des verschont gebliebenen alten Stadthauses mit Innenhof nachts, weißer Latz und getigerter Rücken, die Augen auf- und wieder zugekniffen: ein Freundschaftsangebot.

◐

MANCHE LÄDEN beginnen erst mitten in der Nacht aufzuleuchten mit dem Interieur ihrer Schaufenster – wie Kulissen, die mit wechselnden Tageszeiten hin- und hergeschoben werden.

◐

UND ABENDS IM FEBRUAR ganz klarer Himmel, der den Schein der einsamen Lichter vom Witoschaberg ins Tal hinunter trägt: grell wie die Masten einer auf den Felsen des Ararat gestrandeten Arche Noah strahlen würden; Funk- oder Wetterstation; oder ein phantastisches Wolkenklosterschiff

❶

»DIE ÜBERSETZUNG ist nur so weit untreu, wie jeder Tag der Nacht, aus der er hervorgegangen, untreu ist.« (Lothar Müller in der Süddeutschen über eine Beckett-Adaption Peter Handkes)

❷

UND MITTEN IN DER SINTFLUT mit seinen Koffern ein Patriarch stapfend durch Sofias kalte Mitternacht

❸

UND EINES FESTHALTEN. Februarsamstagnachmittags in einer schlichten Баничарница stehen, deren Backbleche in den Regalen bis auf die Bjurek-Teigfladen schon völlig leer sind, die alten Leute an der Kasse einen mir unverständlichen Witz äußern sehen und, während ich mit meiner Bestellung an der Reihe bin, plötzlich einen französischen Chanson des Griechen Moustaki aus der Backstube, die hinter der angelehnten Tür im Rücken der Verkäuferin beginnt, voll Pariser Boulevardfrühlingsoptmismus hören …

❹

WAS FÜR EIN LAND IST DAS, in das er jetzt aus der Luft zurückkehrt, aus dem Ausland, die von Schnee versiegelte Landschaft knapp vor der Landung in der Nachmittagssonne gespiegelt, Gebäudegrundrisse, Konglomerate aus technischen Einrichtungen und Wohnbedarfsgeländen? »Deutschland«, was lässt sich darüber schon sagen, im Moment der Landung, funktionierende Technik, funktionierende Ansagen, die Politik versucht die Wirtschaft zu regulieren, die Zeitungen mit Meinungen bebildert, alle Reminiszenzen bloß historisch noch?

◒

SOFIA, KEINE ANSICHTSKARTE: Die große Markthalle wie ein überdachter Verbindungsgang direkt zwischen Moschee und Synagoge ins Stadtbild eingefügt

◓

PODLESA: In der aus antiken Bäderresten herausgemeißelten Unterführung zwischen ZUM-Kaufhaus und Präsidentenpalast der Ausverkauf des Folklorekitschs

◓

DAS ERSTE, was er am Befreiungstag Bulgariens draußen auf der Straße sah, war ein Zigeuner, der mit seinem eisernen Pritschenwagen von Mülltonne zu Mülltonne zog.

◒

DER PHILOSOPH, der Sofia als Stadt abscheulich findet, aber wegen ihres Namens dort weiter wohnen bleibt

◒

EINE GROSSE, pastosgelb angehauchte Wolke, arabesk gerundet und geschweift, hinter den Häusern, dem abblätternden grauen Gemäuer, den X-Streben des Baukrans, der sich vor sie schieben will; und von der Straße, aus den Cafés, wabert Popmusik aus einem längst abgelaufenen Jahrzehnt: »It's the final countdown«.

●

DAS WEISS aufgeschossene Heer der Kastanienblütenkerzen in der spätnachmittagsblauen windböigen Sofialuft

→

BLUMENSONNIGER SONNTAG, sonnenhäutiger Sonntag, sie suchen die Parks auf, wo Schachbretter stehen, die Caféstühle, Brunnenränder, Denkmalbänke, Bräute vor den Kirchenpforten: Hochzeitsmonat Mai. Von der Dondukov-Straße (tiefstes Sofiatal, scheppernd, pflastersteinkrumm und staubgrau verwildert) nach oben zur Uliza Parisch hin führend der rote Backstein der Sveta-Sofia-Kirche sonnenangestrahlt, von grünem Eschenlaub überhangen, im Hintergrund das dunklere Grün des Balkans, Witoschagebirge, die Gipfel über der Stadt

●

DIE LANDSCHAFT DER WOLKEN für Menschen nicht gemacht – wie die Landschaften Grönlands, des Südpols, der Tiefsee. Eine Wolke wie Nietzsches Totenmaske im Profil. (Aus dem Flugzeug)

●

ABENDLICHT, Himmel nach Dauerregen blaugefegt: die Spiegelungen des Grand-Hotel-Sofia-Fassadenglases auf dem ockergelben Anstrich des gegenüberliegenden Glockenturms: Kreise Striche Rhomben Monde Sicheln auf dem gelben Kalk – Silhouetten überm Meer.

→

SPERLINGE zetern um die Mauerritzen der Nevski-Kathedrale, während neue Wolken dramatisch, aufgeblasen-weiß, zwischen Gipfel und Stadt sich schieben, während die Mauersegler, flinke kleine Gleitflieger, mit ihren Fallschirmflügeln niedrig im abendklaren Frühsommerhimmelblau zwischen dem Grün der Akademiebäume und den weißen Schindeln der Kathedralendächer schweben: Tagtraumfänger.

➡

DER BOTANISCHE GARTEN, Stadtteil »Kinozentr« in den Südhügeln der Stadt: eine abschüssige Wiesenfläche mit einigen halb exotischen Bäumen darin, die Schilder davor beinah zugewachsen, verwildert, einstige Wege verbuscht, streunende Hunde auf der Hauptstraße, die zur »Orangerie«, einem grauen rostblätternden Tropen-Glashaus führt, wo von innen, Bild von erstickender Raumnot, die tropischen Baumäste gegen die Scheibe drängen. In der Wiese hügelauf ein sägender Ton, untermischt von Grillenzirpen, aber das Sägen viel lauter, durchdringender als bloßes Gezirp, wie das Knistern elektrischer Kurzschlüsse, keine Schlange, kein Vogel, keine Grille, kein Hund – bis später jemand dazu sagte: Zikaden, ja, Zikaden, sägender Süden des Grases an der Hügellehne im Süden des Witoschabergs, der im Wechsel sonnbeschienen und wolkenfleckengedeckt war; und am Ausgang des Parks ein Typ, der in endloser Wiederholung seinen Arm gegen den Wildwuchs des Gartens zückte, als schleudere er unsichtbare Dartpfeile ab. Die Stille der reichen Vororte dort oben, das Warten auf die nächste rumpelnde Ikarus-Karosse zur Stadt hinunter. Und die ziehenden Wolken über dem südlichen Granit, aus denen die Sonne ihre Pfeile hinab ins bewohnte Tal schießt, ins Gewusel, Gerangel, Gedränge der Gesichter, der Körperschwärme; im Park die Gesänge, die Chöre zum Kindertag – Sommerpfeile, Zikaden, gräsernes Grün des Witoscha.

⬅

KONTRASTE. Der Storch auf dem defunkten ockerroten Fabrikschlot, an dessen Seite zwei Umsetzer für Digitalfunk angebracht sind. Bauern fahren mit vor den Wagen gespannten kleinen bräunlichen Pferden das Heu ein, gegenüber des Ortsschildes ein Gürtel postmodernen Niemandslands aus Supermarkt, Tankstelle, Hotels, defunkten Fabriken – dann erst die Hügel, in Wellen ansteigend, das Grün. (Bansko)

❂

EIN SCHWALBENNEST aus dem Gemäuer, von den Holzbalken zu entfernen, herunterzureißen, bringt Unglück, sagen die Alten hier.

❂

UND MITTEN IN DER NACHT monströse Gebäude wie Kafkas böse Träume aus der thrakischen Ebene ragend (im Zug)

❂

DIE SEESCHWALBEN IM FEIGENBAUMGEÄST, die ausladenden grünen Blattlanzetten über der granitbraunen Steilklippe; die langgestreckten stromlinienförmigen Flugkörper der Schwalben, schwarz glänzendes Segel der Schwanzfeder, die symmetrisch zur Schwanzfeder hin eingebogenen schwarzglänzenden Flügel, die weiße Unterseite, fellweiß, beim Flug, weiße Zackenlinie, ihr Stigma am Schwanz, die Maske des Schnabels, schwarz, gebogene Nasenspitze, das Pulsieren des Kehlkopfs beim Singen Spötten Schwatzen; flacher langgestreckter Kopf, im Einklang mit der Stromlinienform des Flugkörpers. Man müsste Stahlfeder und schwarze Tusche benutzen, um diese Form auf Papier überhaupt abbilden zu können, zu bannen ihre Existenz im Flug. (Sosopol)

❂

EINE GLOSSE ÜBER DEN MURMELVOKAL Ъ: Vokal der bulgarischen Identität, »bulgaritude«, passt sich in der Aussprache den ihn umgebenden dominierenden Vokalen an, ohne völlig zu verstummen; dunkel aus der Kehle hervorgerollt, manchmal -geröchelt, manchmal -geraunt oder -gehustet, bei der Wiedergabe in lateinischer Schrift bliebe stets eine Differenz erhalten, ein Überschuss an undomestizierbarer Fremdheit des Tons, ein Rest von Unübertragbarem ins andere System – wie in »Bulgaria« statt България –; ein undeutlicher Kehllaut, der sich nicht dafür entscheiden kann, volltönender Vokal zu werden, stattdessen weiter apathisch in der halbfinstren Rachenhöhle verharrt, immer am Rand des Verstummens; so gut wie immer dabei, ein Wort zu bilden, das in die Mitte Europas entfliehen will, doch wie ein Balkangebirge quer im Adamsapfel liegt.

❶

DIE VERBÜNDETEN. Seit er erfuhr, dass Bulgarien sich weigerte, seine Juden zur Deportation auszuliefern, erschien ihm das Land in einer Unschuld, wie es sie eigentlich nicht mehr hätte geben dürfen; damit hatten sie sich die Freiheit, Wörter wie »Erde«, »Liebe«, »Heimat« ohne Misstöne zu sagen, bewahrt. (In memoriam Dimitar Peschew)

❶

DER EIGENTLICH DÖRFLICHE CHARAKTER DIESER GROSSSTADT: ein kleines »Zentrum«, »Höfe und Gärten« in den Seitenstraßen, zuweilen Hufgetrappel von Zigeunerfuhren; der Ausblick in die unbegrenzte menschenleere schroffe Balkanbergeinsamkeitswelt; die hölzerne Einfachheit von Dorfkneipen an den Tischen der mechanas und birarias.

❶

EIN WEISSER HUND tanzt auf dem Blei des Abendtrottoirs.

EIN ASTRONOMENFERNROHR im Schaufenster des Ladens für »deutsche Sachen«: schwarzrotgelbes Logo in kyrillischer Schrift

➡

DER ZUG der in den Abend heimkehrenden Passanten auf der eng-engen Graf-Ignatiev-Straße beidseits der Trambahnschienen: wogende Massendemonstration zahlloser Einzelner, der die Parolen fehlen

❶

ER FÜHLTE SICH EIGENARTIG AUFGEHOBEN in der ihm fremden Stadt mit den für ihn fremden Passanten, eigentümlich zwischen all den Bettlern, Marktstehern, Zigeunerinnen lavierend, umgeben von den fremden Vokalen und Silben, aus dem wie Wind vorbeiziehenden Schwall glaubte er nur ab und zu den Schatten einer wirklichen Bedeutung herauszuhören, aber ohne Hintergründe und Zusammenhänge – ein schwebendes Gefühl im spätnachmittäglichen Oktoberlicht. Was er sah, war nah genug um erkannt zu werden und doch fern genug, um so fremd zu bleiben, dass es ihm zu denken gab – Gelegenheiten vor seinen Augen schuf zu wundern sich, innezuhalten und die Fassaden gegen den Abendhimmel zu betrachten, die gähnenden Abgründe hinter den Bauzäunen zu erahnen, durch die Straßen mit ihren Schaufensterfassaden zu gleiten wie durch ein Buch, in dem man beim Lesen, ohne es selber zu merken, sich Dinge unterstreicht, Fragezeichen setzt, manchmal ganze Sätze nicht versteht und doch mühlos weiterliest (es geschieht, dass man die unbegriffenen Sätze zwei Seiten später blitzartig erfasst): Ideal von einer Fremdheit, die nicht stolpern, sondern staunen macht, die einen nicht in Angst und Schrecken, sondern in Zeichen und Wunder versetzt.

➡

DIE WEIBLICHEN TORSI aus billigem Pappmaché oder Styropor auf den Straßenständen der Textilhändler sagen mehr über Instinkt (die Brüste sind nicht speziell, sondern wie »alle« Brüste), Begehr (man sieht »die Frau« vor sich, wenn man nur die Torsi sieht) und Kultur (die als »Mode« des darüber gespannten Oberteils daherkommt) als ganze Lehrbücher der Anthropologie es tun.

○

BLECHMUSIK. Sonntagnacht in der Unterführung zur neuen U-Bahn-Station ein seltsam kreischendes, keinem ihm bekannten Instrument zuzuordnendes Pfeifen – am ehesten wie eine ungestimmte Mundharmonika, Harmonika mit verdrehten Zungen; dann sieht er den Auslöser des Geräuschs, einen alten Mann, auf dem Beton sitzen, das Blechgehäuse eines Autoscheinwerfers vor seinem Mund, zu seinen Füßen die Aluminiumscheibe einer alten Autoradkappe mit ein paar hineingeworfenen Münzen drin: Die Musik, das kreischende, scheppernde Pfeifen, musste dem Scheinwerfergehäuse entstammen, oder diente es nur als Verstärker, als improvisiertes Megaphon für das, was er dahinter mit verstimmter »Mundharmonika« produzierte? Die Teile vom Schrottplatz oder Autofriedhof waren in der Hand des alten Mannes noch einmal zu »Leben« erwacht – zu einem Leben und Klang, von dem sich die Fahrzeugschmiede nichts hatten träumen lassen.

❶

»MANCHE STÄDTE wecken in uns das Gefühl eines hoffnungslosen Liebhabers« (Ernst Jünger über Genua). Müsste es dann aber nicht ebenso andere Städte geben, die auch das gegenteilige Gefühl des hoffnungsfrohen Liebhabers erwecken?

○

IM RÜCKEN DER STADT die Kulisse der Bergkette, die dunkelblau-schroff gegen den hellblauen späten Nachmittagshimmel sich dehnt

●

DIE STRASSENPFLASTERLÄUFER im kalten Regenschauer: mit der Geschwindigkeit von Slapstickartisten

●

NACHLÄSSE. Unter den Kästen Kartons Behältnissen hinterm Gitter des Postamtschalters eine matte dunkelblau lackierte hölzerne Kiste mit dem Buchstabenzug: *Otto Boehnke Mineralblenden.* Das Erbe eines Mineralogen oder Gesteinsliebhabers auf den Balkan abgewandert, um Briefe und profane Formulare aufzubewahren.

●

DAS RHOMBISCHE MUSTER ihrer Strumpfhosen in der Oktobernacht: Kobra, die übers Pflaster tanzt

●

EINE KLARHEIT lag in der Luft, die nicht von der Stadt, ihren Häusern und Straßen, sondern von weiter her, den menschenleeren Gipfeln des Balkans, den Donau- und thrakischen Ebenen, den Meeren im Osten, Süden und Westen hierher einströmte, eine Klarheit, die das Empfinden in den poetischen Zustand versetzte, der *vor* allen Gedichten steht – nämlich das Rühmen: der Mädchen, auf deren Kleidern sich der Glanz des Tages spiegelt; der seltenen Vögel, die in den Zweigen wundersekundenkurz sich zeigen, bevor sie wieder ins Dickicht tauchen; der Bäume und ihrer Rinden, der windgegerbten, kerbenreichen Kiefern-, Birken- und Lindenstämme, der Pappeln Kastanien Fichten Lärchen Weiden stellenweis im Park;

des sonnigen Oktoberspätnachmittags, der für zwei schnelle Stunden, länger nicht, dem Entwurf eines Frühlingstags entgegenkeimt. *Dieser* Empfindungszustand des Rühmens steht *vor* aller artikulierten Poesie, ist Mutterboden jedes guten Gedichts.

◉

UND PLÖTZLICH TRÄUMERISCHER ZUSTAND mitten im Gewühl des späten Sofianachmittags: überschienen von klarer Oktobersonne, einem noch nicht dunstigen, noch nicht verdunsteten Blau um die Kämme des Balkangebirges, die Witoschagipfel im Süden, die baumlos und granitkarg hereinleuchteten, die stöckelnden Frauenschritte, das Getöse an den Ampeln, auf den Kreuzungen, der Mercedes mit verschrammter Stoßstange, die an der einen Seite über den Boden schleifte, und im Park, der sich zwischen der rumorigen Althäuser-Innenstadt und den Vorstädten im Westen erstreckt, spielte jemand auf einer blechernen Trompete ein paar falsche Takte »Hey Jude, don't make it bad« und des blinden Stevie Wonders Song »I just called to say«: auch diese Töne, zum Glück, gingen ins Klanggewölbe des Spätnachmittags ein, und er sagte sich, wo dir die Menschen überhand nehmen, gibt es nichts Besseres, als *träumerisch* sich zwischen ihnen hindurch bewegen.

❶

MORGENS DIE BLASSROSA UNTERSEITE der großen Wolkenbäusche über dem roterdigen Ziegeldächergewoge der Reste Alt-Sofias. Ist der granitene Monolith des Berges echt, *tscherni vrach*, 2295 Meter über null, ein schwarzer Magnet? Die Stadt führt auf ihn zu, wäre nicht ohne ihn: ein Heer schäbiger Pilger unter die Pforten des Doms gekauert. Geröllhalde wie in den Savannen Afrikas, die menschenleere vorzeitliche Form.

❶

THE END OF SUMMER. Die traurig blickende Frau am Bierausschank vor der Siebenheiligenbasilika löscht Bild auf Bild von ihrer Digitalkamera.

❶

VERWANDLUNG. Und plötzlich, kaum dass er um die Straßenecke gebogen war, rostrote Belaubung, von einem Moment zum anderen Herbst, die Farben gewechselt wie ein Mädchen, das, bisher sommerbrünett gewesen, kupferfarben aus der Dusche steigt, Herbst auf den Hängen des Witoscha, laubdachroter Herbst

❶

VERWANDTSCHAFTEN. In der Weinhandlung »Österreich«, »Deutschland«, »Mazedonien« nebeneinander in einem Regal.

❶

DER SOCKENVERKÄUFER draußen auf einer zugigen Straße im übellaunigen Herbst hockt neben seinen wollig-bunten Auslagen, die auf einer hölzernen Klappwand aufgereiht die Vorbeigehenden erfolglos anzulocken suchen; die Katze im grauen Winterpelz auf seinen Knien, Krallen geschlagen in seine Jeans.

❶

VORWINTER: Die verlassenen blauen Karussellpferde am Rand des Parks

❶

DIE BÄUME VORM FENSTER, mit dem Herbst werden sie kahl. Nur die Leuchtreklamen blühn über das ganze Jahr.

NACHTWOLKEN, große Fetzen weißen Pflasters

❶

DER ABENDDÄMMER. Es gibt einen Moment vor Erlöschen des Lichts, blassrosa Wolkenflimmern gegen den blassblauen Zenit, da scheint es, als ginge die Sonne noch einmal auf.

❶

DIE SPRACHE ist nur die Leinwand der Welt, die sich auf ihr niederschlägt.

❶

VOM GLÜCK, IM ÖSTLICHEN SEKTOR AUFGEWACHSEN ZU SEIN. Dreizehn Jahre Kindergarten; dreizehn Jahre lang von »der Geschichte« verschont, als gäbe es sie nicht; dreizehn Jahre im Pionierlager der Geschichte verbracht

❶

AN DEN RÄNDERN beginnt es zu schillern, und auch das vom absurdesten juristischen Gleichheitswahn durchkämmte Gebilde Europa macht da keine Ausnahme: Auch wenn es gern nur eine unbestimmte »Mitte« wäre, kann es nicht verhindern, dass es naturgemäß auch über Ränder, Randgebiete und -zonen verfügen muss, an denen es auszufransen beginnt. Sie werden, wie der Balkan, allgemein bedauert, weil eben die Segnungen Europas und seiner Idee zum Rand hin sich notwendig verringern – dafür bleibt aber dort Raum für das anscheinend Andere, Fremde, das Krumme und Abstehende, das Unfixierte, das sich nicht mit dem Kamm der Egalität geradebürsten lässt. Aus diesem Winkel gewinnen die beklagten mafiösen Zustände einen gewissen Reiz, den keiner bestreiten wird, der weiß, wie unverzichtbar für den Erfolg des klinischen Brüsseler Gewächshaustraums sein Gegenbild vom ›wüsten Leben‹ ist, das aus den Rändern hereinbricht »zu uns«.

❷

DER RABE AUF DEM GELÄNDER über dem U-Bahn-Ausgang: Sein gebogener Schnabel thront über den Scharen, die die Röhre in den frühkalten atemhauchweißen Morgen entlässt; der Rabe in seinem schwarzgrauen Eminenzenpelz ist der Zar des Wintermorgens. Das furchteinflößend nah von Eisenstein herangeholte Gesicht Iwans des Schrecklichen, an dem aus weiter Ferne kommend die geschundenen Massen vorüberziehen.

➡

AUS 1001 NACHT. Der Trödler auf dem Basar, der händereibend die Funzel feilbietet mit dem Lobpreis: »Die Lampe Aladins!«

⬇

VOGELSCHWÄRME. Am rötlich gesäumten Frühmorgenhimmel das Knirschen Knacken Knistern einer unsichtbaren Maschinerie, einer Mühle aus Rabenschnäbeln, die im Grauen des Tagesrestes mahlt

⬅

SCHNEE, das weiße Mirakel der Kälte. Der Schulhof vom ewigen Scheinwerfer angestrahlt; das Weichbild der Zweige zum Weißbild erstarrt; die Sekunde, bevor es zu schneien beginnt, suchte ein bunter märchenbuchscheuer Häher noch in ihnen Schutz; Schnee, Tarnfarbe der Zeit

⬇

SCHNEE, der eingeschneite Patriarchenmarmorstein; endlich schneeweiß sein Bart, und er wächst immer fort, solang es schneit.

❶

»SONNENUNTERGANGSROTE« (Handke) Stimmung im Zentrum des Molochs – das Rot der westwärts zeigenden Ampeln weist den Weg in eine Investruine, hinter der das Abendrot des Januarhimmels sich wölbt. Ströme, Passanten, Stöckeln, Schreiten, Huschen, Jagen, Tappen – kein oder kaum Schlendern, Spazierengehen, Flanieren; du übst es in Gedanken aus. Einübung, jedes Mal zu sehen, was der Strom an seinen Rändern angespült dir in die Augen wirft: Treibgut. Und mehr, als es schreibend ein- und aufzusammeln in der Flanierschrift abgewogener Worte, kannst du nicht tun: mit dem Flanierstift, dem blauen Kugelschreiber in deiner Hand.

❶

DISCOVERY: Die laute amerikanische Fernsehbeschallung – eine Dokumentation über die Gefährlichkeit von Krokodilen in den Mangrovensümpfen Floridas, die Animationen und Augenzeugenberichte von aufpeitschender Musik untermalt – inmitten der einfachen Holztischkneipe am Busbahnhof von Kjustendil: mittelalte Männer, eine Familie, Vater, Mutter, Tochter, Sohn, in ihren Unterhaltungen über das Mittagessen, Hühnerfilet mit einer Kelle Kartoffelbrei, gebeugt; vor der Tür, wo der Koch in einer provisorischen Nische hantiert, abfahrende Busse und auf die Busse Zueilende; im Rücken das Markttreiben, ältere Männer und Frauen mit ihren Feld-, Hof- und Gartenprodukten; Frauen, gealterte Mädchen in Trainingsanzügen, ziehen mit Kinderwagen oder Kindern an der Hand daran vorbei; eine Frau bemüht sich gebückt um ihres Jungen Schuh, der offen war.

➡

IM NACHTBUS DAS MÄDCHEN vor ihm: zwei gekreuzte japanische Stäbchen hinten im Haar. Sie nahm sie heraus, um den Knoten neu zu knüpfen, ihr braunes dauergewelltes Haar von Klammern, im regelmäßigen Abstand über dem Scheitel, ein konzentrisches Klammer-Muster, zusammengehalten, aufgesteckt, über dem Nacken dicht und dick verknotet, und durch den Knoten steckte sie, ohne den Kopf zu drehen, ohne sich zu vergreifen, die Stäbchen mit je einem Handgriff hindurch, kreuzweise, so dass sie sich, unsichtbar für den Berachter, mitten im Haarknoten treffen würden. Beim Aussteigen die grelle hellblaue Schminke unter ihren Lidern, als sie sich umdreht.

➜

BULGARISCHER FLAMENCO: Nachts in einer Ecke der Podlesa zupft, kaum zu sehen zunächst zwischen den geschlossenen Ladenscheiben unterhalb des Straßenteers, ein Mann mit grauem Mantel, unförmiger langer Wollmütze, Bart, die Gitarre. Der Hut vor ihm, wüsste man nicht, dass er zu ihm gehört, wirkt, als hätte ihn jemand im Vorbeieilen tagsüber vergessen oder als wäre er ihm im Zugwind vom Kopf gefallen. Auf dem gefliesten Boden noch der feuchte Glanz des Reinigungsmittels, das eine Frau nach Ladenschluss hier ausgeschüttet hat. Wer jetzt vorbeischlittert, achtet nicht auf ihn, der wie für sich selber seinen traurigen Flamenco zupft.

➊

EIN BENUTZTER TEEBEUTEL auf dem gekachelten Mauersims mit einer der Röhren, aus denen die heißen Quellen des Zentrums hervorströmen, dampfend bei Einbruch der Nacht. Schemenhafte Gestalten, die sich, an die Röhren gebeugt, mit ihren Wasserflakons abmühen. In den sich leerenden Markthallen, die Verkäuferinnen bereiten die Abrechnungen vor, nehmen Waren aus den Auslagen zurück, plötzlich vom Lautsprecher die französische Chansonstimme

Serge Gainsbourgs, die zum Lächeln der Olivenverkäuferin passt, zum Frieden eines ›geruhsamen Abends‹, »leka wetscher«, den sie ihm wünscht, den er ihr wünscht. Im Schneegeriesel zwischen Moschee und defunktem türkischen Bad ein Liebespärchen. Und im ebenerdigen Fenster der Pastabar im ZUM-Kaufhaus in die Ferne virtueller Melodien und Lichtwelten entrückte Gesichter. Und in der Unterführung, deren handtuchgroße Lädchen jetzt verriegelt sind, wo ein paar antike Reliefreste an den Kacheln lehnen, der süße Rosenölgeruch, der tagsüber um die Touristen wirbt.

❶

GOGOGIRLS auf dem Stromverteilerkasten, einen Meter über dem Trottoir, Hüften schwingend, Schneebälle zierlich werfend nach den Typen unter ihnen, Seifenopernmädchen im Sofia-Winterschnee

❮

EIN FLUGZEUG kratzt den Himmel auf, die Morgenmaschine an den Main

❶

AUF EINER WELLENLÄNGE SEIN: die verloren gegangene Juliette in *L'Atalante*, die das Schifferlied im Musikautomaten anknipst, woraufhin Père Jules erscheint, als hätt er nur darauf gewartet, diese Melodie zu hören.

❮

IN EINER STUNDE EIN GANZER ROMAN, rein aus Blicken gemacht, den Witoschaboulevard auf und ab, schnippischer Blick der draußen bei den Laternenpfählen vor ihren Geschäften mit Zigarette lehnenden Verkäuferinnen, der Bettler auf der Treppenstufe der Unterführung, ockerfarben leuchtender Anstrich der halbrundfenstrigen Theologenfakultät, »Bogoslovski«, Gotteswortfakultät, und die Verzierung des städtischen Bades, blaurotgelbes Zackenornament im ockergelben Verputz, halbrund geschwungenes niedriges Dach, im Türglas gespiegelt die Moschee, Halbmonde auf ihren Kuppeldächern. Schwarzfaseriges Textilbein des Mädchens im Gedränge vor der Markthalle, Kammlinie des Witoschagebirgs im Süden, wo die Sonne steht, die Frau im roten Mantel sieht ihn durch ihre große Sonnenbrille an, und hochgeblickt im Schlitterschritt auf den Eiswegen am Kulturpalast; ein Kind rutscht die schneebestreuten Pfade im Spielplatzeck in der Plastewanne eines Schlittens hinab – die Oberfläche der Welt ist schöner, weniger verdächtig, wenn Schnee darüber liegt –, und Sonne in den Zweigen, angestrahlte Baumrinden, Pappeln, Platanen, Eschenstamm. Sonne von der blassen, sich vag aus dem bläulichen Wolkendunst abzeichnenden Gebirgskammlinie kommend, Sonne und kaltklare Winterluft.

●

BEWOHNTE RÄUME. Das Licht an den Säumen, an den Wipfelrändern der Bäume des Borissowa-Gradina-Stadtwäldchens am blauen Neuschneewintertagsnachmittag, es gehört dir.

●

ERLEUCHTETE MOMENTE. Die Vögel, schwarze Gliederpfeile, rudern unter dem abendlichen Himmelssaum; der Himmel, wo die Wolken aufgerissen sind, in pastoses Blau getaucht, weite zeit- und raumlose Fläche, die in Träume versetzt; die Vögel tauchen auf und verlieren sich darin.

●

DAS WEITHIN LEUCHTENDE BLAU: Zeit, die auf Beute geht

AM NEBELMORGEN IN DER GRADINA EIN SPECHT, aus den Ästen des Weißdorns geflattert, pocht eine Kadenz auf die Abdeckung der Laterne vor sich, schnabelklopfender Dreiklang auf den Plasteschirm gehämmert, das Gefieder gespreizt, die Zehen ums schwankende Rohr verkrallt.

❶

SOFIA, FRÜHLING: Gehen durch zerfallene Traumpagoden, die Marteniza-Verkäufer mit ihren rot-weißen Puppen- und Bänder- und Schmuckständen geben der Jahreszeit ihr Bild, als wehte eine frische ländliche Brise zur Stadt herein. Vor dem schlammigen Parkweg ein alter Mann in schlotternden Kleidern, tritt auf eine Colabüchse ein, mehrfach und bedächtig, als vollzöge er ein Ritual; dann steckt er sie in einen Plastesack.

❶

AM JUSCHEN-PARK der Grundriss der byzantinischen Kapelle mit aufgebrochenem Sarkophag wo die Krypta einmal war, davor hautfarbene Wohnhausmauern, schnell und billig hochgezogen; Plasteauto, Verpackungsreste, Hundekot im Fundament des Kirchenschiffs

❷

INSELN IM VOLLMOND, Gehirne, und das Rauschen im Ohr, als käme das Treiben der Wolkenschiffe von dort

❸

FEBRUARFROST: die Blaupause des Jahrs, der Rohentwurf

❷

»DAS GLÜCK beginnt bereits bei der Erfahrung des Verlangens *als* Verlangen – der Jagd.« (Jean Starobinski, Montaigne)

❶

ÜBER DEN WOLKEN. Die granitschroffen Spitzen der Alpengipfel über dem Nebelmeer. Hätte Caspar David Friedrich anders gemalt, wäre ihm dieses Erlebnis aus dem Bullauge der Lufthansamaschine heraus zuteil geworden. Goethe als Fluggast, im Auge den Äther aus zwölftausend Meter Höhe, das Regenbogenspektrum des Lichts, irisierende Farbmusik, was hätte er in seiner Farbenlehre notiert?

❶

»WENN, WIE JUVENAL SAGT, DER VERS FINGER HABEN KANN, dann weil das Wort sich verleiblichen und den Leib durchdringen und jenes *Bild* der Liebe die Liebe selber überragen kann… Die Liebe fordert, sich voranzutasten wie in einem Labyrinth. Man muss der Liebe über die enttäuschende Augenblicksgebundenheit der körperlichen Liebe hinweghelfen: Dazu gibt es den Umweg über den poetischen Diskurs, den Streifzug durch die Galerien des metaphorischen Palasts.« (Starobinski, Montaigne)

❷

MODEFARBE SCHWARZ. Mädchen, die sich gut zu verpacken wissen

❷

START DER MASCHINE. Die seltsamen Lichtreflexe, Morgenstrahlenwiderspiegelungen auf dem Gipfelschnee des Witoscha, die Momente, *bevor* grell die Sonne darauf brennt; Schattenspiele, Irrlichter, roséfarbene Fata Morganen auf dem glattweißen Schneeschirm des Gipfels. Dann beim Aufsteigen die lammwollenen Wolken; später im

Gleitflug dann der breite Donaustrich quecksilbergrau im diffusen Frühlingslicht

●

ÜBER DIE BÜHNE GEHEN: die Redewendung als Blaupause für ein mögliches Gedicht

●

»DIE GEGENSTÄNDE blieben fest, die Ansichten bewegten sich aufs mannigfaltigste« (Goethe, Böhmische Gebirge)

●

DIE HANDY-MÄDCHEN: in Samt geparkt

●

»DAS FOTO zeigt eine Rasterung, wie etwa Nylon- oder Netzstrümpfe gerastert sind« (Marshall McLuhan, Die magischen Kanäle) – und die dunkel schillernden Polyvinyl- und Polyurethan-Oberflächen der Leggings und blickdichten Strümpfe heute zu vergleichen mit der Pixelauflösung von Digitalfotos?

●

NACHTFLUG. Unter dem Sternenhimmel der Halogenhimmel der City

●

DER FUNKENREGEN der aufstiebenden Schneekristalle bogenartig sich bäumend und wölbend und verfließend über den Tragflächen der Maschine während der nächtlichen Landung auf dem Rollfeld

»WENN ES SO SCHNELL geht, bleiben wir auf der Stelle«, sagte im Flugzeug das Kind.

❶

ZUR FARBENLEHRE: Regenbogenfarbene Dämmerung auf zwölftausend Metern Höhe um fünf Uhr morgens. Tiefes, erdiges Rot am Horizont, dann, je höher hinauf es reicht, umso heller werdend, ins Gelb übergehend, dann schließlich, am Ende des Gelbs, wo es verglimmt, eine Linie, fast weiß, farblos, ein blasser Strich, über welchem, spiegelbildlich zu den wärmeren Farben darunter, das Blau beginnt, das, je höher hinaus in den Raum es sich wölbt, umso tiefdunkler wird.

❷

SONNE, SOFIA. Baumschatten an der grauen Häuserwand, für die Dauer des Nachmittags. Von den Rinnen und Rillen Tauwassertropfen nach nächtlichem Schneefall – ein weißes Plateau auf jedem Dach. Und das Blinzeln der stöckelnd schreitenden Mädchen, wenn sie ins weiße Geriesel sehn. Und die auffallende Stille, der gesunkene Pegel des Lärms, als wäre dieser von der plötzlichen Schneedecke gedämpft. Die über den unteren Rand der Satellitenschüssel hinausgewachsene, seltsam gezwirbelte Form des Schnees, die mit anhaltendem Tauen sich selbst bald wieder zerstört: noch kompakt und frei in der Luft, ist ihr Ende abzusehn – nichts währt ewig, auch die guten Kunstwerke sind spontan, das lehrt ihn der Schneefall Anfang März.

❸

»SEHR SCHLIMM IST es in unseren Tagen, daß jede Kunst, die doch eigentlich zuerst nur für die Lebenden wirken soll, sich, insofern sie tüchtig und der Ewigkeit wert ist, mit der Zeit im Widerspruch befindet und daß der echte Künstler oft einsam in Verzweiflung lebt, indem er überzeugt ist, daß er das besitzt und mitteilen könnte was die Menschen suchen.« (Goethe an Zelter, 13. Juli 1804)

➜

WEISS VON SCHNEE die Autokarossen wie eine Christo-Büste verpackt

➊

DIE DUNKLE SEITE des Balkans, finstere Geschichten von Menschenschlachthöfen nach dem Krieg im Stadtteil Bunkera – auf manchen Gesichtern meint er das zu sehen.

➊

KALTBLAUER MORGEN ÜBER SOFIA – Sonne zieht die Konturen nach. Und der Gedanke, während in den Wipfeln der Gradina ein Häher, eine Elster zankt: jetzt noch einmal neu anzufangen

⬅

DIE FLUGVERSUCHE DER JUNGEN ELSTERN, in beinah schwalbengleicher Anmut, von den Dächern, den schwankenden, ausgedienten Radio- und Fernsehantennen über den geriffelten Ziegeln zur Straße hinab: Sie lassen sich fallen, tauchen, die Flügel angelegt, in die Windströmung ein, den aerodynamischen Kanal, lassen sich sinken bis zur Tiefe der Fensterreihen der untersten Etagen, dann erst, im letzten Moment, da sie sonst die Strömung verließe, spreizen sie die Flügel, heben den Kopf, den eng anliegenden Rumpf, lassen sich tragen mit der Anmut eines einzigen Flügelschlags, der sie nach oben wieder zu den Dächern bringt.

➋

FRÜHLING IN DER LUFT: Sonne, die neu die Dinge konturiert, bewegte Schatten gegen die Scheiben wirft

☚

BEI DEN MINERALQUELLEN im Zentrum die Frau, schwarze, zu weite Lederjacke, rosenrot getöntes Haar, mit dem engelsgleichen Bach'schen Koloraturgesang und der Münzenschale vor sich auf dem Mauersims

☟

STILLE. Die klare Kontur der Berge, südlich, lichtkranzumgeben, flimmernd, gegen das hellblaue Firmament. Das herannahende Osterfest in der Luft

☟

FRÜHLING, MITTERNACHT: Der zusammengerollte Hundepelz im leeren Blumenkasten unter der Büste des Patriarchen

☟

IM MITTERNÄCHTLICHEN METROWAGGON der zum Papierflieger gefaltete Supermarktprospekt

☚

ZIEHENDER WEITER WOLKENNACHMITTAGSHIMMEL ostnordöstlich, helles ätherumspannendes Blau mit amorphen weißen Segelformen Dampf darin; und darunter das Gelächter und Geklacker, Mädchenbeine, Bettler, Packeselzigeuner, Von-der-Seite-dich-Ansprechende, Hunde mit eingeklemmten Schwanz, breit übers Pflaster schreitende Metropoliten und Businessmänner, balkanisch dunkel

und feist. Und Majestätinnen, vor denen er einen Kotau schlüge:
Sofia ist das.

◐

BLAUER KEIL in der Wolkenfront über dem Gipfelgrat. Weiß verwir-
belte, düsenartige Wolken. Ein paar Minuten später züngeln und
zünden sie, stecken den Himmel in weißen Brand.

◐

»STOSSWEISE, während sie ging, schlug der Wind ihren vorn offenen,
braunledernen Mantel hoch.«

◐

DAS PARADOX DER MODE: dass sie erst eigentlich zum Vorschein
bringt, was sie doch vorgibt zu verhüllen

◐

»DIE MASCHINEN NACH SOFIA waren selten ausgebucht; und die
Einflugschneisen in die Stadt ganz verschieden, je nachdem, mit
welcher Linie er eingeflogen kam: Mit Bulgaria Air westlich von
Mazedonien über die Pirin-Bergketten herüber; mit Austrian Air
von Norden über die Betonblocks eingesegelt; und Lufthansa hatte
sich die Goldkuppel der Nevskikathedrale als Richtungsanker aus-
gesucht.«

◐

»GLÜCK«: »wenn am Morgen neben mir dein Augenstern aufblitzt«

◐

DER STOISCHE RENTNER im Wartesaal des Hauptbahnhofs, großer Orden links auf seiner kattunhemdbraunen Brust: Er hat noch nichts vom Ende der Geschichte gehört.

❶

GEGEN ENDE stellt sich doch nicht mehr die Frage: *Was mache ich eigentlich hier*, sondern eine ganz andere, ähnlich wie man kopfschüttelnd, nach Jahren, der Liebe zu einer bestimmten Frau auf den Grund zu gehen sucht: Warum hat sich mir *dieses* Land erwählt, welche Korrespondenz habe ich denn mit ihm? Es muss einen Grund geben, irgendwo tief in uns, weshalb wir hier, und sei es nur für eine Zeit lang, *gelandet* sind; es hat mit dem Eindruck des Déjà-vu zu tun; als hätten wir schon einmal ein früheres Leben an genau diesem Ort verbracht. Es sind die Bilder, die Landschaften, die unserer Biographie ihr anderes Gepräge mitgeben, der Geschmack des Essens, der Geruch der Straßen, der Anblick der Körper und Gesichter, was die andere Welt einmal und für immer in uns hinterlässt.

❷

UNTER DEM VOLLMOND, den tintengrau verschlierten Nachtwolken, im warmen Mitternachtshimmel, zwischen Stimmengewirr Gläsergeklirr Auspuffgeräuschen, das verrauschte Geklimper Pink Floyds, das Gesäusel von »Dark side of the moon« zwischen dem Grün des Frühlingslaubs

❶

IM ABENDLICHT, der Himmel diesig, feucht, von Grauwolken gesprenkelt, blitzen hügelan die Fenster der Häuser im Stadtteil Losenez, südwärts der Blick, zu den grünen Hügeln des Witoscha, in den Scheiben Reflexe gelbroten Sonnenlichts

MICH NIEDERLASSEN in ihrer Biographie, einer zähen Krähe gleich, die unbeweglich auf ihrer Schulter hockt, wie der Wind intim, der an der Ampel bei den Baufahrzeugen durch ihre braunen Locken weht, wie der Staub, der unter ihrem freien Nacken in jede Pore fliegt

❶

MODE-MÄDCHEN: Träger-Medien

❷

BALKANISCHES BLAU am Abend: die Berge im Süden von einem weißgrau gerafften Wolkenschirm, fliehend-ziehend im Wind, über-dacht, während im Osten, von der fernen Küste des Schwarzmeers her hellblauer Firnis strahlt, darin die zurückgekehrten Mauersegler sich tummeln, tummeln werden bis zum letzten Sonnenstrahl

❶

DIE METEOROLOGISCHE KUPPEL auf dem Tscherni-vrach-Gipfel, Wito-scha, als kleiner Punkt vom Zentrum aus zu sehen, dort oben in ihrer nasenbeinartig gebogenen schroffen Kratermulde, von blassem atmo-sphärischen Dunst umschliert, den vorbeiziehenden Wolkenspreng-seln umflort, großen luftballonartig aufgeblähten weißen Gebilden, Schiffen, Armada imaginärer Archen, die ihrem Ararat zusteuern

❶

EIN TRICHTERMOND, der den Sog der Straße schluckt

◖

»UND WAS IST ZUM BEISPIEL unverwüstlich? Die Spatzenbadekuhlen im Sand.« (Handke, Kali)

»WENN ZEIT nur eine Eigenschaft der Dinge ist, werden, Herzlieb, wir uns wiedersehn.« (Böhmer, Am Meer)

✦

IM NACHTFLUG noch einmal das Spektrum der Farben; das Rot, bevor es wie die anderen verblasste, von ungekannter Intensität, magnetisch die Nuancen und Schattierungen in seiner Nähe an sich ziehend, ein plastischer dicker Saum am Himmelsrand aus zähen, quellenden Konturen – eine Paste, die sich träge in die Atmosphäre wälzt –, von unten, den dunklen, künstlich erleuchteten Orten, gar nicht sichtbar, nicht von »der Erde«, also ›außerirdisch‹: Solaris, der denkende Wolkenbrei

✦

AN DER HAND DES KLEINEN MÄDCHENS baumelnd der Teddy mit verbundenem Bein – zigfach ausgewaschen, angeraut und angegraut, ein Stück Melancholie im Sofia-Abend. Der Reiz verblichener Objekte, an denen jedes Kind unstillbar hängt: Kinder kennen keinen äußeren »Wert«; wertvoll ist für sie einfach, was zuerst an ihrer Hand mit ihnen einmal durch die Welt gebaumelt ist, und daran hängen sie – wir selbst, wenn wir uns daran erinnern, was uns wichtig ist. Und wie wir selbst haben die Dinge Schaden genommen an der Welt – tröstlich nur, dass es sie noch immer gibt.

✦

DIE MAUERSEGLER, zitternde kleine Kolonie von mehreren zwanzig schwarzen schlankgeschwänzten Flugkörpern oben in den Fugen der Säulen des Justizpalasts, Witoschaboulevard, zwischen Säulenstamm und oberem Rosettenkranz, neongrell von unten angestrahlt, vorbeiratternde Bahnen, Nachtfußgänger, Motoren- und Musikfetzen; die Tiere oben in die Fugen gekauert, man weiß nicht wie, symmetrisch an sich gegenüberliegenden Säulen lagernd, vielleicht ist es warm im Schein des grellen Lichts, und noch einmal so viele von ihnen symmetrisch auf den Säulenreihen oben an der anderen Seite des Palasts versammelt, kleine zitternde schwarze Flugkörperkolonie, und gar nicht stumm, unablässig wispernd, leise sirrendes Geräusch, wovon reden sie? Einer unter ihnen klebt ein Stück abgerückt, etwas tiefer in einer Mauerfuge zwischen zwei Säulen, als wär' er hinuntergerutscht und klammerte sich nun am Stein mit seinen Krallen fest. Ihre Federhäute als Kontrast zum marmornen Säulenweiß, und auch ihr ruhloses Bewegtsein am festen Ort, ihr dauerndes Zittern im Fugenrastplatz, lässt die Statik leicht vibrieren – und sei es nur dies Bild, das in Erinnerung an den Moment, zwei Stunden vor Mitternacht zum Himmel über dem Boulevard geschaut, wieder zu vibrieren beginnt, *ins Schwärmen kommt*: Der Moment löst alles aus.

II — DIE WIEDERKEHR

D ie Straßenbahn, sie schien ihm heute langsamer zu fahren als sonst. Ein wenig beschleunigter nur er selbst, und er hätte mit ihr Schritt halten können. Vor dem offenen Platz am Priesterseminar – auf der anderen Seite der Baustelle mit dem aufgegrabenen Untergrund leuchtete der Halbmond über der Kuppel der Moschee – lehnte ein Mann in viel zu weiten, schlotternden Sachen an einem Betonpfosten und sog an einer Mundharmonika. Es war keine durchgängige Melodie, kein *Lied*, es waren aneinandergereihte, im Rhythmus der Assoziationen kommende Einfälle zu Melodien, Fetzen, Phantasieakkorde, aber immer blieb die Vorstellung, dass sie zu einem Lied gehörten, dass sie, so bunt sie waren, ein großes Lied ergaben, in dem viele Melodien genug Platz füreinander fänden. Das gefiel ihm. Und sei es auch nur als Vorstellung, die ihm jetzt nicht der Töne, sondern der Sonne wegen auf diesem Vorplatz kam, mit den verlangsamten Straßenbahnen, den Menschen, die sich in geringerer Zahl und langsamer als sonst bewegten durch diesen Samstag in den Ostertagen, die den orthodoxen Kalender wie eine Goldkuppel zu dehnen und zu krönen schienen. Er warf eine Kupfermünze, aus der Hosentasche schnell gefingert, in die Schachtel des Mundharmonikamannes. Im Vorbeigehen sah er noch, dass sie mit rotem Samt gefüttert war und hörte ein *Blagodarjamvi, veseli prasnizi* in rauem Brustton hinter sich her rufen.

Es waren Menschen in der Sonne unterwegs, und er dachte: endlich einmal des Unterwegsseins wegen. Es gab an der Metrounterführung einen Streit, eine Frau mit fettig blondem Haar beschimpfte lauthals den Akkordeonspieler – steuere jetzt, sagte er sich, an den entsetzten Gesichtern vorbei. Bei der Baustelle, oben auf der anderen Seite, wo dank der Feiertage alles ruhte, warf er durchs Gitter des Bauzauns einen Blick: Da ragten die antiken Fundamente unter dem aufgegrabenen Asphalt hervor, Formen aus Ziegelstein, Muster, Fragmente von Strukturen, die unterm grauen Schutt verschwanden, plötzlich dort endeten, wo auch die Baustelle zu Ende und sich die heutigen Straßen und Gebäude in die Länge zogen, das Säulenportal des Kaufhauses, der zikkuratartige Turm der einstigen Parteizentrale, die Bogenfensterfassadenreihen, lichtbeschienen, am hellsten, beinah marmorweiß, des Sheratonhotels. Auf dem Platz hinter der Moschee, in der Sonne, auf den im Viereck um eine Fontäne stehenden Holzbänken saßen Menschen, die man im hektischen Geschiebe der andern Tage am schnellsten übersah. Jetzt jedoch schienen sie in der Mehrheit zu sein, Menschen, die ihre skrofulösen, bräunlich-kranken Knochen unter hochgekrempelten, schmutzig-weißen Trainingsjacken und -hosen in die Sonne streckten, Bettelgreise, Kindgreise, Frauengreise, Zigeunergreise. Blickte man im Vorbeigehen, gegen die Sonne blinzelnd, zu ihnen hin, schnitten sie ein darbendes, im Darben wiederum schon höhnisches Gesicht, das allen falschen Mitleids spottete. Endlich wollten *sie* dort in der Sonne sein, das machte ihnen keiner streitig, schon gar nicht jetzt, wo das Gros des neureichen Volks in seinen Jeeps aufs Land entflogen war.

Er ging weiter, entlang der Straßenbahngeleise, in die sich westwärts dehnenden Straßenschächte, immer bemüht, das, was der Tag noch an Sonne zu spenden bereit war, in sich aufzunehmen, die Stadt und ihr Ensemble, das doch viele nur für eine Ansammlung betongrauer Mietkästen hielten, anders zu erfahren, Spaziergänger, untergehakte Familien, zwei, manchmal drei Generationen, in den Seitenstraßen, langsamen Schritts, Leute auf Balkonen, Telefon am Ohr, Zigarettenstummel in den Mundwinkeln. Auf einem Pausenhof vier schreiende Jungen, basketballtrippelnd. Die Schule war sonst leer und still, dunkel die vergitterte Fensterfront im ockergelben Fassadenputz. An der Ecke eine Betonbüste des Patriarchen, nach dem die Schule hieß, sein Bart so lang wie das Gewand, und die Schrift oder der Stab, den er drohend in seiner rechten Hand hielt, hervorgestreckt, wirkte wie ein Sprengsatz, den er von sich schleuderte. Da waren andere Fassaden, Ladeninschriften, Lettern. Auf der Höhe, wo er, um zurückzukehren, einbiegen wollte, wo die blaue Straßenbahn jetzt aus der Sonne kam, las er *TEODOP*. Was war das? Laut quietschend und zitternd in seinen Stahlrillen, die sich über Schlaglöcher erstreckten, rumpelte der Waggon vorbei. Er brauchte nicht mehr nachzusinnen, nicht mehr »nachzugehen«. Er achtete nicht auf den Schatten des

Metallfassadendurchgangs über sich. Etwas anderes bremste jetzt und lenkte seinen Schritt, setzte den Namen eines Mädchens in ihm frei: *Teodora*. Auf einmal hatte er den Eindruck, nur wegen dieses Namens hier zu sein. Nur um jetzt, beim Einbiegen der Straßenbahn, an diesem Osterwochenende, darauf zu kommen, ihr Name, *Teodora*, jetzt.

Er hatte Appelle im Ohr, schallende Lautsprecherchöre, Antreten, die Hand zum Gruß, in Reih und Glied, *Immer bereit!*, eine Art Herdentrieb, sich die Worte der Leute da vorn anhören, ein ernstes Gesicht machen, denen zusehen, die aufgerufen wurden, hervorzutreten und etwas in Empfang zu nehmen, Worte, eine Urkunde, ein Präsent, die aufgefordert wurden, selber Worte zu sagen, vor allen, für alle, Worte, die genauso lauteten wie die der erwachsenen Riege vorn, sie in den Reih-und-Glied-Körper zurücktreten sehen, das den Älteren unter ihnen, den *Blauhemden* geltende *Rührt euch!* mitanhören – wobei er sich immer vorstellte, jetzt müssten sie alle in erzwungene Lässigkeit ausbrechen, zu turnen anfangen, die Arme baumeln lassen, mit den Beinen hampeln –, den Gruß, der ihnen mit dem roten Halstuch galt, wiederholen, dann langsam, mit den anderen, in der Gruppe bleibend, auseinandergehen, vom Asphalt herunter, in die Räume, zum Rasen hinab, auf die Sportplätze, das kannte er ja schon, das war nichts Neues, nur größer hier, unbekannte Gesichter, das Ritual etwas strenger genommen als in der Schule, wo ihm nach so einem Appell einmal die Tränen gekommen waren, weil er sich bei Erwähnung der besten Altstoffsammler nicht wiedergefunden hatte, dabei war er in jenem Halbjahr von allen seiner Klasse der fleißigste Sammler gewesen – der Direktor ließ ihn hinterher mit aufs Büro kommen, entschuldigte sich sogar für das Versehen und ließ ihn sich zum Trost ein Buch aussuchen –; nein, das wäre auf diesem Appellplatz undenkbar gewesen, die Lautsprecher in diesem Tal waren lauter, dröhnten, mit Stimmen wie aus einem Megaphon, es echote, sie zwangen ihn stillzustehen, hinzuhören, ohne dabei etwas zu verstehen, verkrampft nach vorn zu sehen: Hinter der Riege der wortführenden Erwachsenen in ihren grauen Anzügen und Blauhemden erstreckte sich die Glasfront des Speisesaals, wo sie allesamt, die hier angetreten waren, während der nächsten drei Wochen das Essen einnehmen würden; in ihren Rücken die Zimmerblocks, in denen sie schliefen; die Freizeiteinrichtungen im Gelände, das sich hügelan und -ab verlief – die Technikerstation mit Funkgeräten und Kleincomputern, der Übungsplatz mit Eskaladierwand, Tunnelröhre, Hangelbalken, das Sportfeld, die Crossstrecke, der Lagerfeuerkreis am Waldrand. Was ihn gelockt hatte, hierher zu kommen, war die Aussicht auf eine andere Gruppe, die mit ihnen in Austausch sein würde, auf eine *bulgarische Delegation* gewesen. Wenn sie in der Schule Vertretungsstunden hatten, kam manchmal eine Lehrerin, die sich den Spaß erlaubte, mit ihnen die Hauptstädte dieser Welt zu raten. Am Ende, da es in immer entferntere oder exotischere Gegenden ging, blieb meist er allein mit seinem Wissen übrig. Den Globus zu drehen war seine Lieblingsbeschäftigung gewesen, schon bevor er hatte lesen können. Bei der Frage nach Bulgarien würde er die Hand heben und *Sofia!* als erster den Klassenraum hinein rufen.

Das seltsam Trippelnde der Mädchen-, der Frauenschritte hier. Es war nicht ganz das elegant stöckelnde *Huschen* französischer Frauenschritte, die an den Leinwandauftritten ihrer berühmten Landsmänninnen geschult waren (und wenn es doch so wirkte, als sei es von den Französinnen abgeschaut, dann war es als Nachahmung, als hochmütig-schwerfällige Übertreibung leicht zu durchschauen); es war mehr ein Laufstegverhalten, zu achten darauf, dass der eine Schuh die zuvor vom anderen Schuh angeschnittene gerade Linie wieder aufnahm, dass im Gehen Schuhspitze und -ferse eine pfeilgerade Linie, einen Strich ergaben, der schnurstracks nach vorn, vorwärts zeigte, dass sich im Laufen nicht etwa ein Keil zwischen vorangehendem und nachgezogenem Schrittfuß bildete. Mochte diesem Gehen auch etwas Uniformiertes, Gleichgerichtetes anhaften,

etwas Zwanghaftes, das die so Gehenden in einer unumstößlichen
Vorstellung von sich selbst und den anderen gefangenhielt, so hatte
ihr Trippeln doch etwas ungemein Diszipliniertes, sich selbst und
die eigenen Emotionen (zumindest während des Gehens) im Zaum
Haltendes, das sich keinen *Fehltritt* gestatten würde – keine andere
Stadt der Welt, kam es ihm vor, in der man auf die Kontrolle seiner
Schritte und seines Schuhwerks so viel Wert legte; keine andere Stadt
der Welt mit einer solchen Dichte von Schuhgeschäften – schwarz
oder rot oder blau manchmal glänzende, pfeilspitz nach vorn zulau-
fende, kielartig schlank gebogene, hochhackige Pumps in den Schaufenstern, auch Halbschuhe oder Stiefel mit höheren Absätzen, Fuß-
mode, die man dann an den tippelnden Beinen der Trägerinnen, wie
sie »galant« oder einfach nur einstudiert, in routinierter hektischer
Schnelle den Rissen, Gullydeckeln, Schlaglöchern im Trottoir auszuweichen suchten, bewundern konnte…
Und es war ein seltsamer, nicht unangenehmer Singsang im Klang
ihrer Stimmen, wenn sie zu zweit oder zu dritt, bisweilen untergehakt, ganz im Gleichschritt, nebeneinanderher gingen, ein nicht
zu helles, nicht zu hohes Geträller – bis auf ein paar aufgeschnappte
Wörter verstand er ja nicht und wollte gar nicht verstehen, worüber
sie sprachen, ließ es einfach als Musik gelten –, das den Eindruck
einer ganz bestimmten Fröhlichkeit verbreitete, eines, nun, vielleicht
nicht gerade »beschwingten«, aber mit dem abgemessenen, kontrol-
lierten, *taktvollen* Bild von sich selbst im Einklang pulsierenden
Daseins, ein Singsang, egal worüber da geredet wurde, in dem sie,
mit sich einverstanden, sich zugleich gehen sahen (eben jetzt etwa
als die Gruppe der drei untergehakt tippelnden Mädchen, die sie für
die anderen waren) wie in einer unantastbaren durchsichtigen Wolke
oder einer vor ihnen her geschobenen Hülle aus Zellophan, in der sie
sich, gespiegelt, oder matt nur aufscheinend im diffusen abendlichen
Tageslicht, überprüfen und zurechtrücken, sich einrichten konnten.
Und auf diesem Laufsteg umgab sie noch etwas, das er sonst, andern-
orts, nur als aufdringlich oder störend empfunden hätte, das ihm hier
jedoch »wie natürlich« zu ihnen zu gehören schien, das sie unsichtbar,

doch anwesend wie die Wolken begleitete, ihre Erscheinung, ihren trippelnden, flötenden Gleichklang auf einem anderen Sinneskanal unterstrich: das Parfüm. Eingetaucht in den Unterführungsschacht – kleine quadratmetergroße Schaufensterläden mit allerlei Nippes und Kitsch, voll sich wiederholender Folkloremotive an die antiken Ziegelsteinwände gepresst – war es am stärksten zu empfinden, was mit der Enge des Schachts und der Nähe der Gehenden und der Art von Parfüm zu tun hatte, das die kleinen Ladenwände dort unten selber schon ausströmten... aber es war, als unterstütze dieses der *podlesa* zugehörige Parfüm nur jenes Parfüm, das die Passantinnen umgab, als würde er hier zu jenem Geruch hingeführt, der trotz ihrer Verschiedenheit die Parfüms aller Vorübergehenden nicht nur in sich enthielt, sondern aus sich entlud, die Grundsubstanz, das Urparfüm, das nicht nur den dämmrigen Schacht der *podlesa* hier schwängerte, nein, von dem jede Einzelne hier Tröpfchen, und seien sie noch so verschwindend und mit anderem, minderwertigerem durchmischt, auf ihrer Haut, unter ihren Kleidern mit sich trug.

Er hatte das Wort zuerst falsch aufgefasst, oder jemand, von dem er es hörte, hatte es selber schon falsch wiedergegeben (»die haben Russen-öl dabei!«), jedenfalls kamen ihm dann immer beim Wiederhören Russisch und das kyrillische Alphabet in den Sinn – was ja, das Zweite zumindest, nicht völlig verkehrt war und half, das Wort, ehe er die entsprechende Substanz, die *Essenz*, schon recht kannte, an einem ungefähren Ort, in einer Himmelsgegend unterzubringen. Die beiden Mädchen waren unvermutet an der Tür aufgetaucht und er war der Einzige gewesen, der auf ihre Vorstellung hin etwas einigermaßen Sinnvolles erwidern und ihnen ein paar Sätze über sich und die anderen sagen konnte, das Auswendiggelernte eben, Deklination der Verben, Aspekt, Konjugation der Substantive, hieß es nun »ja choschu« oder »ja chotschu v schkolu«, und da schauten sie ihn an, in der Tür, wo er stand, wo er stand und gestikulierte, auf sich und die begriffsstutzigen anderen zeigte, die ihn so noch nicht gesehen hatten, plötzlich vorn bei einer Sache, um Worte nicht verlegen, die Augustsonne schien herein, Staubflocken tanzten um die in ihrem Strahl liegenden Kanten der Doppelstockbetten und Spindfächer, vom Gruppenleiter hatten sie Freizeit bekommen den ganzen Nachmittag über, oder hatte es geheißen »Gemeinsames Kennenlernen«, nun, das taten sie ja eben. *Teodora*, so etwas Schönes und Fremdes hatte er noch nie gehört und er konnte seine Augen nicht von ihr lassen, *Teodora*, die mit den Locken, die mit dem schelmischen Grinsen, die mit dem rosenfarbenen T-Shirt und den abgeschnittenen Jeans und in Sandalen, während die andere, *Elenka*, langes glattes Haar, lange Jeans und Turnschuhe anhatte, die beiden schienen beste Freundinnen zu sein, unzertrennlich, er verstand nicht, was sie sich untereinander erzählten, sein Russisch half nicht, egal, ihm genügte, bei ihnen zu sein und sie lächeln zu sehen, hier auf der Lichtung, wo sie alle, wie man ihnen versprochen hatte, zum Abschluss noch gemeinsam ein großes Lagerfeuer veranstalten würden… Die Mädchen holten einen kleinen Flakon mit einer aprikosenfarbenen Flüssigkeit hervor, zogen den Stöpsel und tupften einen Tropfen auf sein Handgelenk. *Mirische*, sagten sie und machten die Geste des Riechens, des Duftzufächelns.

Das Gefühl, dass er das Ende des Fadens von damals hier und heute plötzlich in Händen hielt und frag mich nicht wie. Die *podlesas* sind voll von diesem Parfüm, kein Wunder, dass du es wiedererkennst. Was ist Zeit? Ein Parfüm, das wiederkehrt. Ein Fadenende, vor seinen Augen ausgerollt, das sich von allein weiterknüpft. Ein Name, den du aussprichst – *Teodora* –, an jede Silbe binden sich Momente, und alles Verstreute ergibt plötzlich seinen Sinn. Er hatte hierher kommen müssen, um ihren Namen wieder auszusprechen. Die Auslagen verbreiteten einen seltsamen Glanz, zeitlos und fern und gegenwärtig zugleich. Wie viele Generationen von inzwischen ausgebleichten Strumpfhosenverpackungen hatten diese Schaufenster schon gesehen, die unter dem Etikett posierenden, ewig frierenden langbeinigen, glatthaarigen, ewig rehäugig blickenden Mädchen,

jeden neuen Winter ausgetauscht oder nach hinten geschoben oder
in einen Ramschkarton gesteckt, mit jedem Sommer verblichen
diese Bilder mehr, bis nur noch ein Umriss, eine Kontur von ihnen
übrig blieb, ein feuchter Papprest in den Müllcontainern, die sich
füllten Tag um Tag – Tag um Tag ihr Getrippel an den Auslagen
vorbei, an der Sommerkollektion, der Winterkollektion, an den
Parfümregalen, den Handtaschenregalen, den Juwelierregalen, den
Seidenwäscheregalen, an den Beinmodellen, an den Verpackungen
mit ihresgleichen, rehäugig und ewig frierend unter dem Etikett,
vorbei, Straßenzug um Straßenzug, bis in die schmalen gepflasterten
Gassen, bis zur betonierten Einöde der Blocks, die wie ein Gürtel
die Stadt umschlossen, die letzten Verzweigungen der Boulevards, in
den Containern bis auf die Konturen verblichene Fotografien lang-
beiniger Schönheiten, zum feuchten Papprest geschrumpfte Kollek-
tion vergangener Jahreszeiten.

Der Boulevard, so machte es den Eindruck, führte mit dem einen
Ende direkt auf die Berge zu, menschenleere granitene Gipfelschrun-
den in der Ostersonne, ein Labyrinth schneeiger Furchen darüber
ausgebreitet, gewaltsam und schnell zog dieses Massiv die Wolken zu
sich heran, schnell stieß es sie auch wieder ab, sie in andere Himmels-
richtungen verjagend, das Blau verteidigend, das es dem in seinem
Schatten kreiselnden Boulevard bescherte, den vor den Auslagen
Schreitenden, Tippelnden und Trippelnden, der Straßenbahn, die,
führe sie einfach ohne Unterlass voran, am Fels zerschellen müsste,
dort, wo die Siedlungen schließlich endeten, Bäume, Gräser und
Beton aufhörten, nur noch Granit zu sehen war. Wie hätte er sie
jetzt erkennen sollen? An einer Haarlocke? Einem Lippenpaar, zum
Lächelmund geformt? An einem Parfüm, Geruchsschattenbild eines
Körpers, der immer schon entschwunden war, wenn man sich noch
auf den Duft besann? An einem Foto auf einer Verpackung in den
Regalen, auf das gerade ein Sonnenstrahl hinabfiel? Ein Mädchen
aus der Menge vor ihm, im Schlendern ausscherend, hielt plötzlich
vor einem geparkten Wagen an, bückte sich und rückte ihr Haar im
Spiegel des Autofensters zurecht. Dann ging sie langsam weiter, die

Handtasche unter den Achseln baumelnd, südwärts, wo das Bergmassiv den Horizont versperrte. Also war das der Sinn von Schönheit, sich zu offenbaren in so einem spontanen Schlenker, und er müsste jetzt nur wachsamer sein, so entgingen sie ihm nicht, all jene Mädchen, die in diesem Moment, hier auf dem Boulevard, gerade irgendetwas an sich gerade rückten, einem Sinn, einem Anspruch nach Schönheit folgend, der sie kurz anzuhalten zwang, ihre Erscheinung überdenken ließ, und nicht schutzlos waren sie in dem Moment, nicht willen- und waffenlos, sie offenbarten sich nicht einmal so, aber diese spontane Geste, die keiner hätte voraussagen können, bewahrte sie doch vor dem Schicksal der Mädchen auf den Verpackungshüllen, in diesem Moment des Zurechtrückens stiegen sie aus der gleichförmig abrollenden Zeit und wurden für den, der sie zufällig dabei erblickte, zeitlos gegenwärtig, angehaltener Augenblick. Diesen Moment merkst du dir. Da sie plötzlich ausschert, eine Falte glattstreicht, eine Locke aus der Stirne schiebt, ein Lippenpaar nachzeichnet, darum dreht sich die Geschichte, vergiss es nicht.

Seit Tagen machte sie sich rar. Ein flüchtiges Lächeln, wenn sie sich morgens auf dem Appellplatz auf dem Weg zum Frühstück, das sie an verschiedenen Tischen des großen Speisesaals einnahmen, begegneten, und selbst dann hatte er das Gefühl, das Lächeln habe er von ihr erzwungen, indem er ihre Blicke *suchte*, nicht ruhend, bis er sie ausgemacht hatte im Kreis ihrer Freundinnen – war es nicht, als unterdrückten sie mit Mühe nur ein Kichern, wenn er sich näherte? Er zog die Bettdecke über sich und roch an dem Röhrchen Rosenöl in seiner Faust. Er wollte nach Hause. Sie hatte ihm, mit ihrem Lächeln, ihrem Augenpaar, den Traum gegeben, und nun, da sie sich entzog, wurde ein Gespenst daraus.

Aus dem Unterholz, abseits der ausgetretenen Pfade schossen Sträucher in verschiedener Färbung, ein Horizont verschiedener Farb-

stufen, Grün der Gräser und Weidenzweige, Gelb der Ginster-
fackeln, hoch wogender Wellenschaum der Weißdornhecken zwischen dem Harzgeruch verströmenden Borkenrot der Kiefern,
deren Wipfel ans Hellblau des Himmels zu rühren schienen. Frühling: Traumgleiches Sichverlieren in der Menge, dem Gewoge der
Passanten. Auf einem Streifen Wiese hatten Zigeuner zwei braun-
fellige Ponys angepflockt, einer setzte ihnen einen Trog mit Kleie
vor. Als geschähe all dies auf einem Dorf, nicht im Zentrum der
Metropole, und auch die Luft, die von den Berghängen herunter
wehte, war frühlingshaft, war Dorfluft, du kannst dir vorstellen, wie
sie von den Weiten der Balkanhochebene bis hierher vorgedrungen
ist, westwärts zieht im bronzenen Abendlicht. Die Leute, selber
dörflich, mit ihren rot-weißen Martenizas am Handgelenk oder am
Mantelrevers, mit ihren dunklen Schlapphüten die alten Männer wie
Statisten in einem Film über sonntägliche Dorfplätze der Vergangenheit, die Mädchen mit dem schlenkernden Saum ihrer kurzen
Röcke, sehnsüchtig den Limousinen in die fernen Städte nachschie-
lende Dorfschöne; die glatzköpfigen muskulösen Typen, irrtümlich
in der Stadt gestrandete Bauern- und Wirtshaussöhne, sie alle gingen
durch die Hauptstadt wie durch ein großes Dorf, und er hatte den
Eindruck, von hier bis zum Schwarzen Meer, durch alle Städte und
Dörfer in der Hochebene des Balkan, durch die blaue Ferne hin,
zöge sich dieser Passantenstrom. Und die Luft, die zwischen den
Passanten strömte, vom Grillrauch der *Kebabtsheta*, von *Tschubriza*-
Kraut, gebackenem *Baniza*-Teig mit säuerlichem Salzkäse, *Sirene*,
zwischen den Teighälften, gerösteten Maiskolben, heißen Maroni
und *Scharena sol* geschwängert, eine Geruchswolke mit den Ingre-
dienzien dörflicher Küchen und Feuerstellen, die sich, traumgleich
schwebend, über der Stadt niederließ, die Leute an den Gewürz-,
Frucht- und Gemüseständen neben den Geleisen der Straßenbahn
in ihrer dörflichen Welt verharren ließ: In den ausgekochten Senf-
gläsern mit hausgemachter *Ljuteniza* überwinterte ihr Traum vom
balkanischen Dorf, aus welchem kommend sie ihre Reise angetreten hatten, bis hierher, unter die Reklameschilder für Satelliten-

telefone, zu den Supermärkten und Drogerien und Starbucks-Cafés, der Theke für frischgepressten Orangensaft.

Er suchte am Lagerfeuer nach ihrem Gesicht. Er sah den Schein der Flammen huschen über Teodoras Gesicht, sah das Flackern zum Rhythmus der englischen Lieder, die er kannte oder irgendwo schon einmal gehört hatte, sah auf ihrem Gesicht noch einmal die Züge derjenigen, mit der er vor drei Wochen unten am Waldrand gewesen war, wo der Zaun verlief, der das Lager umgab, sah im Flackern nicht mehr ihr verschlossenes Gesicht dieses letzten, dieses Abschieds-tages, sondern das lächelnde Gesicht der ersten Woche leuchten, das Gesicht, das er hatte kennenlernen wollen, das er immer hatte lächeln sehen wollen, neben dem er immer hätte einschlafen mögen. Ihre Hände, die ihm das Ölfläschchen gereicht hatten, die nach Rosenöl rochen, ihre Locken, im Laufen, in der Anstrengung der Ausflüge, während des Singens jetzt durcheinandergewirbelt, nach vorn in die Stirn gefallen. War der Sommer denn vorbei? Es gab Teodoras Lächeln, es gab den Ölflakon und das Marteniza-Bändchen, das sie ihm geschenkt hatte, es gab die Erinnerung, die nach dem Ende des Sommers nicht einfach vorbei sein konnte. Es gab das Gefühl, sah er jetzt ihr Gesicht dort am Feuer im Kreis der anderen, sah er sie und sich selbst mitsingen, dann wusste er, dass es noch andere Sommer mit anderen Gesichtern geben würde, aber ging er ihnen auf den Grund, käme er immer wieder auf diesen einen, ersten Sommer, den Waldrand und ihr Lächeln zurück. Ihr Gesicht war ein Versprechen, das kein nächster Sommer allein je würde einlösen können, ein Ver-sprechen, das einer fernen Zukunft vorbehalten blieb.

Roter Neonreklamestrahl auf dem metallicschwarzen Lack eines ge-parkten BMW; so beginnt ein Gangsterfilm, im bläulich schwarzen Abendglast, elektronische Rhythmen aus dem Eingang einer Bar. Du musst in den Bildern bleiben, die du nicht äußern kannst, bei dir.

Es wurde allmählich dunkel und die Leuchtschriften nahmen überhand, ein Gürtel aus Lichtern und Buchstaben, der die Gesichter und Körper keineswegs in Helligkeit badete, sondern, zusätzlich zur einbrechenden Dunkelheit, Schatten über sie warf, der ihre Gestalten nurmehr als Konturen, sich vorwärts bewegende Silhouetten wahrnehmen ließ. Unter einer solchen Leuchtspur blitzte, beim Durchschreiten des Dunstkreises ein Gesicht kometenhaft auf, und geblendet und wie betäubt sah man sich im Vorübergehen an, ohne dass in der Kürze des Augenblicks ein Erkennen möglich gewesen wäre, eher schreckte man zusammen und fühlte sich doppelt fremd und alleingelassen hinterher, wenn man sich im Aufblicken unter den Leuchtschriften zufällig angestarrt hatte, verstört stolperte man weiter, in diesem fremden Licht, ohne jemanden darin erkannt oder entdeckt zu haben. Nachts sind die Straßen der Metropole zum Ausgehen gemacht, nicht zum Spazieren oder Flanieren: Dazu gehörte notwendig die Sonne wie zum Ausgehen die Neonschrift.

Im Vorbeigehen blickte er in die Gesichter an den Tischen der Bars und Restaurants, geschminkte Mädchenlippen, die am in den Milchshake getauchten Strohhalm sogen, Lippen, die sich um einen Zigarettenfilter schlossen, Lippen, die zusammengepresst sich auf- und abbewegten, mit dem ihnen eben von der Gabel zugeführten Fleischstück auf der Zunge, Lippen, die im Palaver höhlengroße Kreise, Löcher formten, Lippen, die endlos Worte formten, die er von hier draußen nicht verstand, die er auch drinnen, würde er sich zu ihnen setzen, kaum verstünde. Die Leuchtschriften waren Zeichensprache und die Flughäfen und das Flugzeug, in das er morgen wieder stiege, waren Zeichensprache – mit *Verstehen* hatte das nichts zu tun. Das Verständnis lag irgendwo dazwischen, nicht in den blinkenden Schriften, auf den Gesichtern, ein wenig in den Wörtern, mehr noch in der Art, wie die Lippen sie formten, und wie du darauf achtest, wie sie das tun, schon. So wäre dann Erkennen wieder möglich: Das, was im Damals unerkannt geblieben war, unbekannt und offen hatte bleiben müssen, nur vage zu spüren gewesen war, aber weit davon entfernt, ausgefüllt und erfüllt werden zu können, denn was es war oder hätte sein können, wäre ihm noch nicht einmal als Wunschbild damals aufgegangen, das, was einst hatte leer bleiben müssen endlich einmal zu benennen – wäre dies Erkennen?

Auf den Straßen war es mit dem Abend zugleich stiller und auf andere Art betriebsam geworden. Vor dem Flügel des Sheraton-Hotels, der zugleich als Präsidentenpalast diente, waren die Wachposten abgezogen worden, und schwarze Limousinen parkten vor den Nachtclubs, auf dem Pflaster Gruppen von Mädchen in kurzen Röcken, schlendernde Pärchen, aus den offenen Türen der Bars drang Musik, doch gab es noch kaum einen Platz, um draußen sitzen zu können, noch waren die Stühle nicht nach draußen gestellt, obwohl der Frühlingstag ja mild gewesen war, die Sonne die ganze Zeit über geschienen hatte, so dass die Wärme noch nicht völlig aus den Steinen entwichen sein konnte. Es gab einen Kuppelbau, der in der osmanischen Zeit als Moschee gedient haben mochte, die schlichte Form einer feldsteinbraunen byzantinischen Basilika mit zum Halbmond gewölbten Kupferdach. Jetzt lagen ausgegrabene Torsteine, Portalsäulen mit griechischen und römischen Inschriften davor, das archäologische Museum; um die Ecke, wo einst die Apsis des Sakralgebäudes gewesen sein musste, waren, unter einer weit ausladenden Platane, von Lichterketten umspannt, doch die Stühle schon nach draußen gestellt, im Innern gab es eine Bar, Musikfetzen platzten hervor, die dann in der Stille wieder verpufften. Er hatte sich hingesetzt und schaute in die Lichter, die Schatten, die Blätter des Baums. Nicht viele, aber ein paar Gruppen hatten sich in der allzu frühen Sommernacht niedergelassen, Mädchen, Jungen, manchmal nur durchstieß eine schrillere Stimme den Fluss des Palavers, Ringe, Ketten, Seidenstoffe blinkten auf im künstlichen Licht, eine schöne Ablenkung war ihre Gegenwart. Hinter der Umzäunung Bettler, hinkende Alte im Zeitlupenschritt, die Alarmsirene eines abgesicherten Wagens, dem sich ein Tier genähert hatte, wenn es dann still wird, nimmst du die Stille erst wieder als solche wahr. Er wollte all das im Gedächtnis behalten, für die Zeit, wenn er wieder weg wäre von hier, egal wo er dann sein würde, die Kirchenschiffe der Basiliken, das große Kuppeldach der Sveta Nedelja, die römischen Ziegel in den Mauern der Unterführung, den Beton, den Granit, die scheppernden Bahnen, das alles nähme er mit. Die Felskulisse, die noch Schnee trug, er würde sich umschauen am Morgen im Flugzeug nach ihr, die aufgehende Sonne hinter den Gipfeln suchen.

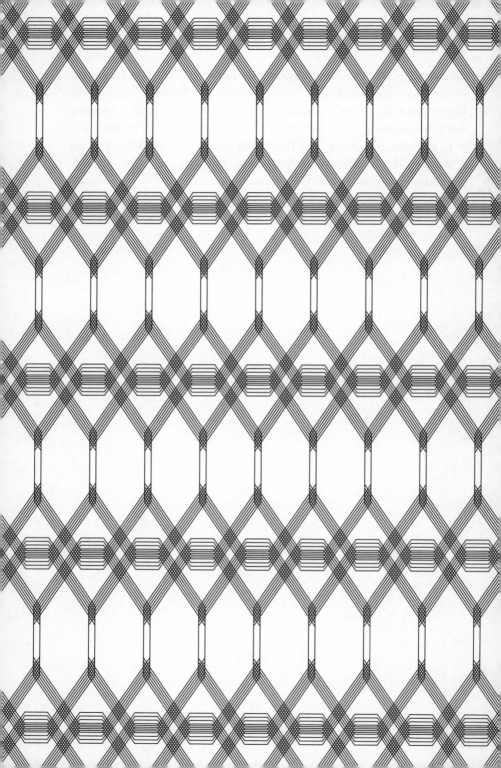

III — BLAUER NOVEMBER

Sofia-Sonne

Des abgedankten Diktators kahler Schädel,
Witoscha, gletscherweißer schrundiger Granit,
neigt sich über jedem Zarenboulevard, Wolke,
die dem blausten Himmel selbst ein Schatten ist –

Orpheus' Pegasus trabt anderswo,
Latein die Schriftzüge der Investbank,
Limousinen vor den Tischtanzbars
gefallen sich im Anschein eines Europas,

das nie in die Häuser eingezogen ist,
Fremdwort dem Steppengelb des Mörtels,
der durch ein Wunder Mietskasernen und Mansarden
seit hundert Jahrn zusammenhält:

Nichts als Alptraum, sagst du, doch
die Rhodopen seien nah. Noch nie
war die Weisheit in Person so schön,
breitete so glänzendgold die Arme aus

über eine Unterführung, deren Kellerwände
sich ein Sexshop, eine Kirche, Akkordeons
und das Notfallministerium teilen –
Jeder, der flaniert, ist eingeweiht,

die Mädchen in den Charme, die Jungen in das Geld,
ins reine Grün der Frühling, der plötzlich die Parks
wie ein Schauer überzieht, so sehr die Welt gewöhnlich wird
bliebe sie kyrillisch hier, und rosenölessenzbehaucht.

Blauer November

Mit Designertelefon am Straßenkreuz die Beauty-Queen,
mit verwelktem Asternstrauß die Bettlerin,
die Sonne tüncht den Tag
von Elendsschamgefühlen frei,
blauer November Sofia,
die Lösungen, wenn es sie gäbe, ins Übermorgen abgeschoben,
das wie das Freibier im alten Kneipenwitz
immer ein Übermorgen bleibt –

verlässlicher ist Liebe als Gefühl,
das Plätze dich und Straßen sehen lehrt,
im Gehsteig die Krater überspringen,
zwischen den geparkten Wagen in der dritten Reihe
eine Lücke, die Baniza nach Maß gebacken,
den Ayran genug salzig finden lässt.
Der *Zustand* unabänderlich, doch so lang
das Licht scheint, ist er übermalt
mit Zufallsnoten aus dem Park, vom Duft
der Blume überzogen, die du später küsst.

Für Ariadne

Der Morgen als wir von Picasso
lasen DER ERSTE AKT VON KUNST
IST EIN ZERSTÖRUNGSAKT
war kalt & klar & einleuchtend
Sonntag Winter Sofia
die Sonne drückte
ihre Zigarettenglut im Asphalt aus

wer weiß wofür es sich zu leben lohnt
und geht den Farben nach: bei Grün
erst darfst du gehen, bei Grau Gelb Rot
schaust du in die blaue Luft
zu Flugzeugen aus Wien Amsterdam Berlin

was ist kaputt und was ist Kunst
das Rätsel liegt im Handumdrehn

Die Botschaft

Mal ist es ein roter Schal und
mal ein Muttermal dem du nicht viel
Vertrauen schenkst am Morgen
der ein Schaukeln ist von Worten
durch den gelben Vorstadtbus
zusammengewürfelt wie im Traum
verschwinden sie am nächsten Haltepunkt
auf Nimmerwiedersehn: du bist
zu müde ihnen nachzutrauern
es gibt nur das Gemurmel drin
und draußen den Rumor
Wolken von Masut im tiefsten Januar
dann ist es wieder blau: ein gelbes
Taxi chauffiert punktgenau
dich aus der Stadt – die Worte wie Kleingeld
passend aus der Hand gewürfelt
vom Mund zur Hand: dies ist ein Text
zum Thema wie kommt der Text
in deinen Traum wie kommt
der Traum in deinen Text und was
liegt auf der Hand wenn du sie einmal
wortlos durch den Tag chauffierst

Prozession

Diesen Morgen zogen
die Patriarchen aus
Sonne auf dem Tramwaygleis
und die Mädchen waren schön
in den Ecken Hunde
in ihren Pelz gerollt
an den Rändern Schnee gefroren
und in Nebeldunst die Farben
die Drähte klirrten und das Glockenspiel
ein kleines Wunder
eine Spur von Blattgold
auf dem Straßenteer

Auf dem Sprung

Es geht wieder mal nichts mehr
vor lauter Verkehr
doch wir sind auf dem Sprung
vom einen zum andren
pflastersteinauf und treppab
die Fragmente der Liebessprache
zu buchstabieren
die letzten die davon übrig sind
Fragmente
von Fragmenten Fragmente
Wollschal Pullover Kleidersegmente
aus dem Buch der Liebe gerissene Seiten
das Einzige was in dieser Stadt
wir uns noch leisten was
mir auf deine Art erst
sie liebenswert macht

Akzente

Ich wollte dir Goethe
am Handy zitieren
wie er die Hexameter
auf Faustinas Rücken klopft

oder einfache Worte sagen
wie *Milch Tisch Wald*
wie Räder die uns befördern
aus dieser Stadt

wenn wir hier bleiben müssen
ein paar stolpernde Verse
auf die stöckelnde Schönheit
der Passantinnen finden

das ergäbe vielleicht einen Sinn
das wären Akzente Synkopen
auf matschbraunem Schnee das wäre
doch eine Mitteilung wert

das wäre in deinen Ohren
Musik die auf der Zunge
auf unseren Zungen
in rasenden Takten vibriert

Sofia, südliches Schmirgelpapier

Du erklärst mir die Landschaft
oder könntest es tun
in deiner sprunghaften Gegenwart
herbeizaubern den Süden

der hinter den Bergen beginnt:
Schnee auf den Kämmen
Schildpanzer des Riesenkriechtiers
Granitfurchen darunter felssplitternackt

ein Strahl Sonne, ocker getünchte Wand
blaue Spur über den Dächern
verwitterter Ziegelstein, abgeschmirgelt
die Farben – viel mehr Ägäis ist nicht

die Straßen dorthin aus grauem Graphit

Balkanwetter

Immer wieder zum Regen
zurück – und das heißt
Korkenzieherlocke
Pfefferschote
Lipstickschnute
Hausmacherwein

Wir verlieren nichts
und gewinnen dabei
wenn nicht die Liebe
dann
mitten im Unwetter
bei abgedrehtem Gas
und Selbstverdunkelung
unverschämte Minuten von Glück

Balkanpost

Kein TV seit Wochen,
im Radio nur was ich hören will,
von den Blättern die kostenlosen
mit den Trostworten des Zarn,
das Scheppern der Straßenbahn
und die Sirenen der Bars
sind keine Botschaften mehr,
jeden Morgen stattdessen
serviert die Frau die ich mag
das Neuste vom Tag
in zehn Zeilen verpackt
auf schnellstem Weg mir
mit elektronischer Post

Suppenrezept

Sind wir Lippenblütler?
Die roten Rosen vom Schenskibasar
sind чушки, heiße Paprika.
Ihr Fleisch gefällt sich
in den Linsen der alten Frau,
die auf meinen Einkauf baut.
Сирене, Schafskäse in Salz, weiß zerbrockt,
geht brodelnd in der Brühe auf.
Чубрица, ich weiß, das Bohnenkraut,
gibt zwischen Handkanten zerrieben erst
der Kreation ihr Essentielles, das
der Blumenwelt uns näher bringt.

Seit Tagen nicht abgeholt

Der Müll weicht nicht, in den Pfützen
nur weichen die Berge Papier.
Hinter dem Schaufenster für Schuhe,
neuester Schrei, helllichte Dekoration,
ohne zahlende Schar, allein, die Beine
gekreuzt, neunzig Grad senkrecht,
im goldnen Schnitt ein Model, sich zu schade
zu feilschen um Absätze für brüchiges Trottoir –
sie *sitzt* solang das Fußvolk vorbeizieht an ihr,
kein optischer Jäger darunter, kein Scout,
der von Filtern und Blow-ups und Blenden
etwas versteht, sie selber fixiert
jeden und lässt ihn nicht los
neunzig Grad senkrecht
sitzend, die Beine gekreuzt,
das ist die Pose, seit Tagen
nicht abgeholt

Много шум за нищо

Die Händler packen ihre Kisten aus
Chiquita Pappkartons vom Regen durchgeweicht
mit Souvenirs Ikonen Antikschmuck
Der Pförtner im Wachhäuschen notiert etwas
Es könnten, stell dir vor, Gedichte sein
Ein Brief an die Tochter in Amerika
Das Testament
Das Silbenrätsel
Letzter Wille
Schlusswort im Gebet
Viel Lärm um nichts
Entweder zu früh oder zu spät ist es
durch das Augensieb den Tag zu filtern
bei schütterkaltem Nordostwind
du zählst die Sekunden mit
bis zum grünen Ampellicht
und jetzt kannst du auf der andren Seite
dich weiter auf die Sohlen machen
nach der Sonne
die wie Sofia in »Sofia«
im Sonntag stecken muss

Atlas der bulgarischen Gegenwart

Die goldenen Türme der Russenkirche
Die Bleikuppel des Zarenhotels
Ein Kopf aus Proletengranit
Ewige Baustelle inmitten
Gelber Stahl des Schaufelarms
Titan heißt die Müllabfuhr
Kein Titan blickt auf Müll herab
Das Schuhwerk im Schaufenster blitzt
Orangegrelle Intelligenz

Den Flusskähnen, Auen, Götterschaufeln

1

Ihr Vorabendröten auf dem Donauarm!
Der Himmel bricht in tausend Goldfäden,
die Zickzack durch die Wellen schießen –
Dickicht oder Teppich, sie knüpfen am Kokon

des Augenblicks stromab – stromaufwärts ist's ein Dampferschiff,
dein Blutkreislauf, Gedankenflug. Eine wirklich
weiße Taube pickt im Ufergarn, wirklich
einzig, weiß und gurrkreiselnd, die Kellnerin

in Schlappen serviert Bier auf dem Balkon,
vor Pontons ankert Fährverkehr. Länger
als man einen dieser Kohlenkähne löscht,
wird auch der Duft nicht bleiben,

den du für echt kaum halten willst: ginster-
blütengelb – ein Déjàvu wie jenes
sie saß eingenickt im Bus, träumte
vor sich hin und rief dann wirklich an,

das ist die Logik eines Flussgotts, des alten
Partisanen, manchmal hinter einem Treibholz
lugend, der schlitzohrig seine Konterbande
zwischen Dichtungen und Wahrheit schiebt.

Aber wie eine Möwenschwinge, in der Farbe
schwertklingen und mantelfuttern schillernd,
des Kontors Rêveriefassaden zielsicher bestreicht,
das weiß nur der Augenblick, der dem

was in den Sternen steht sich überlässt,
während wo die Märchen enden, tief
im Westen, die Sonnenknospe bricht:
Für das Grün der Parks genügte dieser Strahl.

2

Dies ist *ein* Raum. Die Flaggen
eines bunten Spektrums wehen auf den Kähnen,
am andren Ufer niemand, der die Ladung
dieser Sonne löschen wird – ein Nachmittag
sich selber überlassen, da sich die Möglichkeit
in den Mantel von Wirklichkeiten hüllt,
die von den Frühlingsästen winken:
Du reichst nach oben, riechst daran,
nimmst Farbe und Geruch in deinen Tag –
eine der Quellen, aus denen er sich speist.

Du dachtest über *Wasserscheiden* nach
und wie sie mit *Menschenschlag* zusammengehn
und was vom *Ponton* die Wörterbücher wissen.
Weit und breit gibt es nur eine Brücke hier;
aber nie ist so weit eins vom andren Ufer,
dass nicht beidseits gleichzeit Frühling wäre:
Die Möwen stehen dafür ein, und dass ein Jahr
je einen weitren Knoten in den Faden knüpft,
der von Thrakien bis auf heut dem Fluss ein Antlitz gibt.

Es ist der Blick und was hinter ihm sich abspielt,
die Reflexe, angefacht vom Sonnenlicht,
was die Flussgötter hinaufschaufelt vom Grund
und dauerte es einen Vers, eine Promenade lang
– schon ihres Zuspruchs in der Liebe wegen
kehrtest du zu ihrem Wellenspiel zurück.
Jemand sagte, der Fluss ist Grenze nur, nicht
Mitte, fließt nebenhin, nicht durch, doch
da du hier ohnedies nicht residierst, nimmst
du ihn mit, bis zu den Bergen, den Bächen,
die dorthin münden, Wasser ist ein Teppich,
ein Muster, genau wie Licht gemeißelt
mit jedem Aufblick neu. Mädchen gehen untergehakt
im Abendstrahlenfächer, das Ufer wie für sie gemacht.
Kohlenschlepper kennen den Weg zum Delta
in der Dunkelheit, die Fähren haben abgelegt,
aus dem Arm von jenseits strömt es zu.

Du musst die Stimmung nicht verlängern,
der Fluss kennt ein Morgen genauso
wie du es selber kennen wirst und willst,
mit eignen Augen, was sich im Schaufelrad
der Stunden abspielt, dieser ausgemalte Raum,
darin die Fenster offen stehn, in denen
die Dünung, sich widerspiegelnd, spinnt.

3
Heute, damals, morgen... in den Wassern
Ort und Zeiten mischen sich. Es müssen
die Wasser in dem *einen* Flussbett sein –
ein Strom, der alles trägt und weiß.
Warum kein Heimweh hier? Schaust du
hinein, bist in den Geschichten dieser Wasser
auch du mit deiner eigenen darin:
Ja, der Flussgott weiß, und die Nacht am Fluss
schlägt den Ponton ins nächste Morgen leicht.

(Ruse, Donau)

Sosopol, die Seeschwalben

verharren auf dem Feigenast,
dann wieder um die Klippen gleiten sie
bis der Tag vergangen ist –
Antanas, der Dichter vom andren Meer,
schreibt *wie eine Schwalbe bin ich,*
in meinem Schnabel Lehm:
Um ihren Flugkörper zu zeichnen –
Kontur der weißen Unterseite,
Parabel angelegter Flügel,
Hecksegel der Schwanzfeder, symmetrisch
wie das Stigma des weißen Zackens dort
und des Schnabels spitze Kompassnadel –
braucht es filigranen Stahl und schwarze Tusche,
dann erst hättest du das Wesen
das im Flug die Teile seines Lebens sucht
vorübergleitend, schwarz auf weiß, im Bild

Serdika

Unter dem Asphalt
dem versiegelten Beton
den Schlaglöchern
der Stoßstangenwelt
mit rumpelnden Trams und Ampelverkehr
Kolonnen am Bordstein
lauerten
Arena
Beinhaus
Löwenzwinger
römisches Kaiserbad
oder
ein Panzerschrank
mit Waffen
der letzten Reserve
Plänen
der künftigen Stadt

Der Popcornmacher

nährt die Flamme seines Business
mit Spiritus:
ein Zauberer
der aus dem gelben Kasten
das gebackne Maiskorn zieht
lecker
und wie Maroni
röstfrisch duftend
wenn es brenzlig wird

Die Vögel des Airports

Elstern am Morgen
hüpfend im Gras
am künstlichen Tümpel
vor den Lüftungsklappen
und auf dem Stacheldraht
marodierend allein im verbotnen Bezirk
Sperlinge bei verstreutem Müll
lost & found
im Laub, in Gehwegstoppel
bevor die Sonne aufgestiegen ist
schroff über dem Balkan
aus taufeuchten Wiesen, aus Niederungen
einige Schwärme
seltener Vögel
ein Fächer im Gleiten
eine aufgerollte Schrift
verschwindend am blassen Zenit
dann mit den Zigeunern
ziehen Tauben
in die Giebel der Stadt

Himmelblauer Herbst

Die Momente da der Morgen sich einspielt
ich meine: da er »beginnt«
in der Kaffeebar das Mädchen
füllt den Trichter neu mit Bohnen auf
die Dohlen staksen im Niemandsland
zwischen Gärten und Straßen
ein weltfremder Hund neben der Kirche
weiß nicht was er tut
dann kratzt er sich am Hinterbein
dann stutzt er den Tauben entgegen
wo sind die Musikanten
wo das Quietschen der Tram
zwei Typen vor einem Schaufenster
lehnen am Pfosten und kauen
als würgten sie noch an der Nacht
ihre Blicke hängen
an einem roten, hautengen Rock

Krumen

Hurtige Spatzen, was
fällt in der Novembersonne an?
Die Straße ein Rebus:
Warzenhexe oder Bettlergreis,
wie kann die Lotterie *im Schatten*
den Hauptgewinn verstreun?
Neben der Schwimmhalle das Toto
folgt dem Rotationsprinzip:
Die Figuren machen ihr Kreuz,
nehmen die Hüte, sind
von der Straße verschluckt,
Tunnel, der unterm Asphalt gähnt.

Krumen sind Beine,
die von diesen Plätzen und Blättern
fortlaufen in deinen Geist
wie Häute, die von den Dingen abblättern,
Film, der sich aus den Augen
in die Gedanken schreibt,
das Schachbrettmuster zum Beispiel
des Maschendrahts auf ihren Knien.

Die Elstern

Eine auf dem Giebel
eine in der Rinne
des Dachs
rote Ziegel
in grauem Verputz
die Stille wie Wachs
zwei Elstern
als hielten sie des Himmels
Stahlblau umkrallt
wie der Federpfeil tiefschwarz
ins Smaragdne changiert
aus alibiweißem Flaum
und die Spitze des Schnabels
den Augenblick einfriert
wäre Gegenwart ohne sie
ein leeres Gefühl
ohne ihr Schackern von Anwesenheit
der Nachmittag
sprachlos und kühl

Dezember, Engel

In ihren Locken
der Wind
an ihren Händen
die Glut
zweimal reibt sie
bis es wieder glimmt
nenntest du sie
die Niemandsbraut
schon hätt' sie einen sicheren Ort
auf Flügeln baumwollsamt
von wessen Gesang
in Siebenmeilenstiefeln
welch feinlederner Zunft
traf sie hier ein
hinter der Drehtür des Airports
die wartenden Männer
stecken die Glühbirnen
im Siebenarmleuchter aus Leichtmetall
für Chanukka an

Januar

Du stehst in den Dingen
von der Sonne verwandelt
für einen Moment
oder könntest es sein

auf dem Boden gelandet
die blauen Schatten der Wolken
ziehen darüber hin
alles ist wieder offen

in den Spuren, die dir gelegt
– die *du* dir gelegt? –; hier:
eine Mähre trabt übers Pflaster
Schweinskopf auf dem Basar

die Luft aus den Thermen im Mittag
des spätrömischen Tals,
Münzsiegel des Kaiserkopfs,
Stiefeltritte im Lehm

südwestwärts treibt Rauch,
wo der Balkan in dunklen Zügen
seine Märchen erzählt – bis
zur Grenze von Schmerzen und Schnee,

den Zigeunerzaren des Mülls,
heiligen Bäumen und Vögeln
im Garten der Wahrsagerin,
das Auge ein Spindelrocken voll Garn

wie ein Telegraphendraht lang
zwischen den Zentren des Kontinents,
daran unser ganzes Gestern hängt –
Gegenwart ist jederzeit Jetzt

auf verschiedenen Fäden
in deiner Hand, die
am Muster von morgen knüpft,
das sie selber nicht kennt,

doch in die sie taucht, die Farben,
die Stoffe, das Ornament,
sind ihr vertraut – auf
deiner Zunge *ein* Alphabet

(Kjustendil)

Die Läden dicht

der letzte Gast
von kastanienbrauner Seide
ihr übergeschlagenes Bein
am Abend im Café
mit den Süßigkeiten
für den Nachmittag
die Lampe fahl das Licht
verlischt beinah
über den Rechenkästchen
ihres Hefts
Mitschrift Tagebuch Vokabeln
das letzte Rätsel
bevor ein Hund zur Nacht
gähnend im verstreuten Müll
den Mund aufmacht
hat sich ihr Schatten
wie ein Geist
davongemacht
das letzte Rätsel
sie selbst

Die Raben

Vorabend, Abend – die Raben
harren mit Winterlitaneien, dem Krächzen,
das wie Frost durchs leere Stadion zieht:
Sarkasmenschmiede, in den Wipfeln
der Eichen Nussbäume Akazien hämmernd
Spottverse aufs Glatteisparadeis
den seltenen Passanten in den Schritt –
sohlenschlitternd zwischen Pfütz- und Grabeneis
hochblickend, wer nicht wollte sie beneiden –
Spitzbuben, alternde Genies, tarnkappengeflügelt,
ihre Lotterie die Krumen dieses Lotterparks,
Siedler in den schiefergrauen Stunden,
da die Abendhand das Blau kassiert

Телевизия

Sofia, in der Nähe
der spanischen Botschaft
ein Abend
Mitte Februar
als wäre
die Sonne
über dem Neuschnee
noch einmal da
die geparkten Autos
in Weiß
verpackt
nach Hause der Weg
in Kunstlicht und Dämmer
hellblau plötzlich
und weich
an der Kreuzung
neben dem Staatsfernsehen
im Schlehdorn
ein Amsellied

Der Frühling

Zigeunermahlzeit
mitten in der Sonne, auf
leerem Blumenkastenrand,
fröhlich und bunt
und zu Blüten gekräuseltes Haar.
Maulesel mit Schuttwanne angeschirrt,
Filzflocken und Striemen im Fell,
unter dem Aushang der Bank.
Versunkener alter Mann, der Wärme
in seinen leeren Leib zu kriegen sucht.
Baby you turn me on.
Der Rabe auf dem Lampenpfosten
schaut den Heimkehrenden nach.

Karfreitagsgedicht

1

Wir leben
in diesen Zusammenhängen, die Wolken
geben es zerrissen wieder, und doch
sind sie das Größere, das hineinragt
in unsere Stadt – ohne sie
gäb' es keine Phantasie. Und jede,
die du anschaust, jede, die *dich* anschaut
ist Erlöserin, könnte sein, könnt' sein.
(Romeo y Julieta haben es gewusst.)

Die Blicke
sind nicht scheu, aber sie scheuchen
– wie der kleine, schwarze Bastard mit Geschnüffel
den armen Specht vom Boden jagt,
ins Dickicht, auf die Wipfel wieder schickt –,
jede Stille auf,
jeden währenden Moment,
der nur *sein* will,
nichts als für sich selber sein,
um bei den anderen zu sein. Keine Angst,
die Vögel kommen wieder,
der Eichelhäher, die Sperlinge, der Fink.
Auch wenn du nur Zuschauer bist,
nimmst du an ihren Spielen teil,
gibst ihrer Sprache einen Sinn.
Im Hinschauen alles – im Hinschauen allein
hauchst du dem Park blütenreines Leben ein.

Was sollst du in Lauten zu ihr reden,
da ein Lächeln alles sagt,
was es je zu ihr zu sagen gibt?

Die Wolken
sind wegen ihrer Zwischenräume da,
des Blaus. Die blaue Feder jedes Hähers
auch. Es gibt nichts zu verlieren,
Liebe,
denn alles steht darin: Wie wir
uns erinnern, zu einer Zeit im Jahr
neu entdecken, wer wir sind –
Frühlingstiere
auf zwei Beinen,
die Frauen, jawohl, die Sehnsuchtsmädchen,
ihre Fesseln, ihre Knie, die Sperren jedes Airports
überwinden sie. Es wäre einsam,
kalt und ungeheuer, gäb' es nicht
sie anzuschau'n. Von ihnen
kommen die Kriege
und das Hingerissensein.
Sie sind, seltsam genug,
die Sicherheit, dass die Welt nicht ganz
im Geld aufgeht, dass noch Poesie
im Rest an Wolken ist, deren Ränder
gegen Abend rötlich leuchten
über dem schneereichen Granit.

Als Kind waren mir die Knospen
ein ganzes Jahr lang nah, die Weidenkätzchen,
der Ebereschensaft. Eine tote Saison
gab es nicht, die Neugier
redete sie mir aus.
Ich stand
in der Traumzeit, da alle Pfade

ums Dorf Wunderpfade waren,
Klematis Goldregen und Ginster
endlos blühendes Duftgefild –
dann wurde daraus Mädchenhaar
und du zogst die Vögel zum Vergleich,
während die Mädchen selbst mit Pfeilen spielten.

Dieser Sommer,
der noch lange nicht begonnen hat,
ist schön wie eine Prise Rosenöl,
für die es Millionen Blüten braucht.
Die Traumstadt ist ein Dorf geworden,
wo du jeden kennst –
ein Augenaufschlag genügt,
die Absätze klackern *Hallo*.

Beständig
sind die blauen Zwischenräume,
beständig
ist die Phantasie, in der es
keinen Irrtum gibt.
Blond schwarz brünett ...
es ist eine Frage des Lichts.
Und jeden Moment
steigen Ballons in die Luft,
und jeden Moment
triffst du auf einen andren Moment,
störst die Gelegenheiten auf.

Alle haben sie den Platz, in dir
wie ein Ballon aufzusteigen,

irgendwann außer Sicht
in diesem unendlichen Blau, das
jeden Tag neu beginnt,
jeden Tag nie zu Ende ist,
himmlische Modenschau
zwischen Morgen und Abend,
Gewitter und Sonnenstrahl,
Augen in Augen
werden wir uns gegenüberstehn
unter Bäumen, windegewebtem Blütenkamm,
deinem Haar, deinem Haar.

Wir wissen es, wir
setzen die Schritte, weil es uns gibt,
weil es *uns* gibt,
Anfang und Ende
eines Essays
über die Buchstaben im Alphabet,
über alles,
was ist.

2
Wir sind –
das ist alles, was sich sagen lässt.
Doch schon bei der Art, darauf zu reagieren,
fangen die Unterschiede an, die Theorien,
Vulkanisten, Neptuniker, Farbenlehre
und Brechung des Lichts,
doch keiner bietet das Rezept
für unseren Aufenthalt.

Es ist ein Ort
wie jenes *Leipzig*, das aus der Kindheit
zu mir sprach: *werde mein*, an dem
wir eine Probe unserer Handschrift
hinterlassen müssen,
das Wort *Ankunft*
gepinselt auf das Vorsatzblatt.
Die Balkone
öffnen sich und mit den Zügen deiner Zigarette
nimmst du teil am Himmel
über dieser Stadt.
Es sind kleine Tiere
in den Wolken unterwegs, die aus den Oberflächen
des Planeten ihre Form beziehn:
nach jeder Sintflut wieder da.
Über dem Gipfel regnet es sich ab,
Discotheken gewittern Verführungskunst,
die Ebene wartet auf deinen Entwurf,
der am Reißbrett nur vorübergehend,
künstlich herbeigeführt gedeiht.
Aber zu gedeihen
meint mehr als das: den Anker
auszuwerfen, am Fenster sein,
von dem aus du den Straßenzügen
und den verwischten Gleisen folgst.

Jahr für Jahr
die Knospen, Nachmittage am Zenit,
für die es keine Überredung braucht.
Du kannst sie nicht herbeizitieren
wie in Psalm 73 deinen Gott,

aber das Gefühl für deine Gegenwart,
wohin immer es dich treibt,
erweitert deinen Kreis
um die tiefen Schatten für das Dauerhafte,
die Kontur:
An jedem Ort,
wo du jemals etwas verloren hast, so
sagt die Schrift, da
bist du auch
ein Stück zuhaus.
Das ist
die halbe Miete – der Rest
Montagearbeit, Konstruktion,
Auflösung des Labyrinths.

Die Sterne wissen es bereits –
der Schein
überwintert die Substanz.
Auch wenn dir alle Worte fehlen:
Bei offnem Fenster,
lichtem Grün und einer Zunge,
die schwärmend nach der andren angelt,
kann keine Trauer sein.

Boulevard Maria Luisa

Hausmülltreppenstock als hätt' van Gogh
seine Schuh' hier abgestellt. Die Eingänge
verspiegelt ohne Tür. Trompe l'œil:
Las Vegas auf den Wandfassaden.
Am Schalter des Wechselshops die Schöne
böte sich selber an als Gegenwert
wenn sie nur lauter sprechen könnte.
Ein entriegelter Tresor das Kapital
der Beine auf dem Boulevard:
Ballerinen vor dem Grün des Witoscha.

Schwarz

glänzt ihr Haar
in der Sonne
des Vormittags
Sonnabend im Mai:
schwarz
ihre Nylons
in Turnschuhen
schwarz-weiß
auf dem Pflaster
neben dem Bücherbasar

Ein Nachmittag

Der Himmel, für ein paar Momente,
trägt Italiens Lederschuh,
weißpoliertes Farniente
zerfließend im Azur

und im Park die Kolkraben
gravitätische Rentnersozietät
graue, nackenrunde Kragen
Mantelschöße schwarz gewebt

keiner kennt der hübschen
Mädchen Zahl – sie selber
das Konzert, dem sie im Grün
alle jetzt entgegengehn

Nacht der kyrillischen Schrift

Unter Tage
ein Supermarkt.
Way to the Hotel California.
Neon unter dem vollen Mond:

                        Casino
                Levins
        Procredit
Macdo

Mit Teleskop vor dem Kulturpalast
beobachten sie die Bahnen
von Mars Jupiter Saturn
die Berge nah auch ohne Zoom

und die Leuchtspur silbern klappernd
der Anmut bis zur Dämmerung

Arbanassi

Balkanpanoram
Schwalben vorm Fenster kreisend
Sperrangelweit still

Bis auf den Kuckucksruf, der
Mir das Himmelsblau
Für umsonst verkaufen will

Grandhotel Bulgaria

Vor dem Zarenschloss das Trottoir
Laufsteg schlanker Mädchen Beine

Nachts die Drähte ihrer Musikknöpfe
leuchten weiß wie Kettenschmuck

Balchik

Unten links das Minarett,
unten rechts der Campanile;
dazwischen das leere Makkaroniwerk,
gegen's Meer die Küstenbatterien.

Anfang Oktober streichen sie die Segel ein,
Vögelschwärme knospen letzte Blüten ab,
Ferienhäuser endlos zum Verkauf.
Dunkel in den Pizzerien, fahler Neonschein:

Das »t« in *Fantasy* ist ausgefallen.
Sorgen, die kein Gott der Winde kennt.
Zigeunerschar im Schutt des Kreidefels;
wo Kybeles Tempel jetzt ein Abgrund gähnt.

Strandscha

Die Berge, Vorzeitgigantengrab,
staffeln sich fort, grüne Kuppeln
über dem Sarkophag,
südwärts, westwärts, verlieren sich

im Dunst: ein Gebirge,
das Süden verspricht,
ohne der Süden zu sein,
endet östlich im Schwarzmeergischt.

Hinter der Straße vergisst
sich selber die Zeit,
bis sie zu Stein,
versteinerte Sonne geworden ist.

Ahtopol

Dieser kleine Hafen am Hellespont,
letzte Station vor dem türkischen Zoll,
unablässig rollen Wellen gegen den Tuff,
Skythen, Thraker, Griechen heerscharenstark

warfen Anker, überrannten die Bucht –
Opfer sinkender Nachfrage und Spekulantentums –,
an der Reede die Fischer um Mitternacht
bei Seestille über den Fang gebeugt

sprechen über den Marktpreis des Palamut,
auf den Klippen winkende Feigenhände,
strahlendes Granatapfelrot
wie ein Ikonenhintergrund – immer

waren Katzen, in allen Nuancen des Fells,
mit abgebissenem Ohr, das Auge voll Eiter und Blut,
Katzen die nach den silbernen Fischköpfen schielten,
Katzen in diesem vergessenen Hafen dabei.

Burgas

Weil du in der Kirche der Armenier den Mann,
der den Ring dir schmiedete, gesehen hast;
ich im Buchladen den Sinn
des kyrillischen Gedichts sofort verstand;
schließlich weil das Kellnerinnenlächeln
wie noch nie ein Lächeln unsren Abend
segnete nach Knoblauchhuhn und Wein –

soll'n wir den drei Nymphen danken
auf dem antiken Tempelrest
angebetet von Kreuzfahrern am selben Ort
als Maria, Susanne, Magdalena
in verschiedenen Kleidern täglich
lasst ihr das Wirkliche für uns
im Traum geschehn

Kohlmeisenherbst

1

Eines Mittags ist der Himmel blau
und Holzrauch wie aus einer Speisekammer
mit Bratwürsten und Speck
über dem Kaminabzug
treibt durch die Luft
der Wind ein Kreisel
der um die sieben Hügel spielt
um weiße Marmorreste Ziegelrot
Backsteinbraun Basalt und Stahl
und wenn du jetzt der Sonne folgst
rührt Himmel bald ans Meer
auf dem Rhodopengipfel säh'st
du unten leuchtend die Ägäis

2

Das ist auch antik:
eine Unterführung pachten
oder einen der Siebenhügel
und ein Business daraus machen
die schicken Passantinnen
das durchreisende Volk
hätten einen Grund sich zu versammeln
einen Anlass dazusein
Bilder und Geräusche nachzuahmen
die auf den Monitoren fackeln
im Vorhof der Götter schwillt der Lärm
bis er auf den Steinen schweigt

von Absätzen gerundet
vom Klack-klack
Kiesel am Meeresstrand
uns hat die Sonne zugeschaut

3
Eisiges Nachtwindgeklapper
am Mittag ein Specht
in den morschen Akazien
von Bojadzhievs Garten
die gelbe Schule ist gelb
der grüne Hügel ist grün
das rote Tischtuch ist rot
die Träume ein Sternenhaufen
Orion Leier Andromeda
über dem Haufen aus Stein

Im Restaurant *Springbrunnen*
gehn die Verlassenen nach Haus
bleiben auf einen Becher
die gelassenen Zecher
und die nicht voneinander lassen
wer hofft kriegt sich zu fassen
in den Straßen kein Hund
auf der Mülltonne Katzen
unter der Parkbank Spatzen
Kohlmeise um die hohle Hand

Winter
die Fenster ein Vogelbauer
Stadt aus Stein
und blauer Luft
Stadt in schwarzes Loden gerollt

4
Rotkehlchen am Mauersims
sunday morning
Feigenhand ragend ins Blau
Lichtstreif auf Ziegel
vor der Ikonenschau
das Rotkehlchen dreht sich
posiert
sunday morning
ein Fächer von Rot
gegen das Grau
blaue Schichten darin
dann kommt ein Schnäpper
sunday morning
der Himmel bewölkt sich
die Plätze gewechselt
im Flug
und beide davon

5
Ein Schatten
im offenen Fenster
in den Scharnieren
die Läden gespreizt
ein Strauchdieb
ein Nachtstück
gestreckt in den Tag
entlang der Fassade
auf der Wäsche
ein Stummfilm
schwarzweiß ein Kontrast
Farben eine Frage
des schwanken Gefühls
der Schatten ein Laken
zum Kauern
Nacht bleibt vertraut
in den Schattenwipfeln
der Bäume vertaut

(Plovdiv, Dezember)

für Mariya

Die Aufzeichnungen der *Notes from Sofia* entstanden zwischen Herbst 2008 und Sommer 2010 in Sofia oder während des Unterwegsseins im Flugzeug; die Gedichtfolge *Blauer November* wurde zwischen Mai 2008 und Dezember 2010 in Sofia oder anderen Orten Bulgariens geschrieben, die Erzählung *Die Wiederkehr* während der Ostertage 2010 in Sofia. Die Abfolge der Aufzeichnungen und Gedichte entspricht der Chronologie ihrer Entstehung; sie können somit auch parallel, nebeneinander gelegt gelesen werden. Einige der Gedichte und Notate wurden bereits in teilweise abweichenden Varianten in den Zeitschriften und Portalen *L – Der Literaturbote*, *lyrikline*, *manuskripte*, *Neue Rundschau*, *Poetenladen* veröffentlicht.

Es wird ausdrücklich zum Blättern eingeladen: zum Schweifen in den Texten wie über eine Landkarte, bei der das Auge einmal an diesem, einmal an jenem Namen hängenbleibt, nach möglichen Verbindungslinien zwischen den verschiedenen Orten und Landschaften sucht oder sich diese selber zieht.

Außerdem von Jan Volker Röhnert in der edition AZUR erschienen:

Die Hingabe, endloser Kokon. Gedicht
80 S., Klappenbroschur, ISBN: 3-931743-83-7, 12,50 EUR
(= Blaue Reihe, Bd. 1)

Die endlose Ausdehnung von Zelluloid. 100 Jahre Film und
Kino im Gedicht. Eine Anthologie
Hg.: Andreas Kramer und Jan Volker Röhnert
Mit einem Nachwort der Herausgeber und einem Kommentarteil
232 S., geb., ISBN: 978-3-9812804-2-5, 24,00 EUR

In der Übersetzung von Jan Röhnert:

Chris Edgar: Zuviel Gelächter in der Dunkelheit. Gedichte
Mit einem Nachwort des Übersetzers
64 S., Klappenbroschur, ISBN: 978-3-931743-03-1, 12,50 EUR
(= Blaue Reihe, Bd. 4)

Erstausgabe
© edition AZUR, Dresden 2011
www.edition-azur.de

Gestaltung: Kraft plus Wiechmann, Berlin
Druck: Gutenberg Druckerei, Weimar

ISBN: 978-3-942375-04-7